JN408795

심혜상
두번째 수필집

도서
출판 해암

| 작가의 말 |

세상이 꽃 천지다.
내가 세상에 온 후로도 세월은 흘러
이렇듯 늙어 가고 있건만
아랑곳 하지 않는 세월은 꽃을 있는 대로 또 풀어 놓았다.
그 허허로움을 견디게 하는 게 문학이다.

예술이 밥이 되지 않는 세상에
문학을 잡고 산 세월이 오래다.
궁극에는 혼자 마침표를 찍는 인생,
그 허무를 받아 안을 수 있는
품을 준비하는 것 또한 내게는 문학이다.

문학은

사람이 알아채지 못하거나 놓쳐버린 것들까지 다독인다.

문학의 프리즘으로 보고 겪은 세상을 두 번째 수필집에 담았다.

생은 늘 요원하여 만만치 않지만

쓸쓸한 그 도정에서

존재자 모두가 꽃처럼 아름다운 날을 많이 만났으면 좋겠다.

꽃 천지 세상이 참 아름답다.

2014년 4월

대저벌에서 지은이 김 혜 강

차 례

격

성당 가는 길

밤의 아리아

나비가 되어

늙은 날의 초상

격

큰 집에서 산다고
그 집에 사는 사람들이 다 큰 사람, 된 사람들도 아니다.
하지만 나무는 크면 클수록 다리 아픈 사람들이 쉴 수 있는
그늘을 넓게 펼친다.

둥긂

시작점과 끝점이 보이지 않는다. 보이지 않는 것이 아니라 본디 없는 것인지도 알 수 없다. 시작과 끝을 알 수 없는 둥긂! 둥글다는 것은 원만함을 의미한다. 높낮음도 없으며 어디 한 곳에 얽매이지도 않는, 누구 위에 서거나 아래로 깔릴 성향 같은 것은 더욱 없다. 하여 동그라미는 잘 구른다. 편견을 가지지 않아서일 게다.

세상에서 일어나는 일들, 이해하려고 마음먹으면 이해 못 할 것도 없다는 듯, 사랑하려고 마음먹으면 사랑하지 못 할 것도 없다는 듯, 둥긂은 어떤 처지에서든 흥분하거나 분노하지 않으며 이성을 잃지 않는다. 세상의 아침에 가장 빛나는 얼굴로 우리를 향해 다가오는 태양! 그 불멸의 사랑도 어디 하나 모난 곳 없는 둥긂이다.

뿐인가. 한가윗날 밤하늘에 뜨는 달도 둥근 얼굴이다. 박하사탕으로 헹군 입안같이 깔끔한 대기의 하늘에 둥근 보름달이 뜨면 향수 같기도 하고 그리움 같기도 한 감정들이 이 사람 저 사람에게로 흐르고 흘러 온 세상이 둥그스름 넉넉해진다. 가만히 귀 기울이면 세상 이쪽저쪽에서 정 흐르는 소리가 들린다. 한가위 보름달의 둥글기는 여느 보름달보다도 유별나다. 해서 며칠 전부터 시장을 보고 집안을 깨끗이 하여 맛있는 음식들을 정갈하게 준비 한다. 생활이 부유한 사람은 부유한 대로, 모자라는 사람은 모자라는 대로 한가위 보름달을 맞이할 준비를 한다.

둥긂은 시작도 끝도 없는 순환이다. 이승에서 몸을 벗고 간 사람들의 영혼은 별이 된다는데 수천 년에 걸쳐 지상을 떠난 이들의 영혼은 천상에서 땅 위의 사람들을 내려다보고 있을까. 한가위 보름달이 뜨는 날 아침에는 별이 된 이들을 불러 맛있는 음식을 함께 나눈다. 생활에 쫓기어 한 집에 살면서도 얼굴을 제대로 볼 수 없던 가족들도 다 모인다. 형이며 동생이며 조카들도 둥근 얼굴을 서로 확인하며 오랜만에 눈도장을 찍는다.

그 사이로 세상이 언제 혼탁하였느냐는 듯이 솔향기 아릿한 송편과 사과 배 감 등속의 동그란 과일들이 한 소반 담겨 나온다. 둥글게 둘러앉아 즐겁게 나누어 먹으면 앉은 자리 옆으로 달무리 같은 정이 소리 없이 쌓이고 사람 사는 일이 별 것 있느냐는 듯 대기마저 평화로움으로 팽창해진다. 어스름을 타고 보름달이 뜨면 까닭 없이 설레는 마음으로 하늘을 바라본다. 언제 어디서 보아도 넉넉하여 마음도 덩달아 풍요해지는 보름달, 지상의 사람과 하늘의 둥근 달이 둥긂을 주고받으며 교신을 한다.

사람의 몸에 있는 둥긂은 머리다. 인체를 지휘하고 통제하는 뇌가 존재하는 가장 중요한 부분인 머리는 몸을 총체적으로 집합하고 표현한다. 둥근 머리에서도 둥근 곳은 눈이다. 세상을 느끼고 감지하는 기능은 온 몸에 펴져 있지만 눈만큼 선명한 기관도 없다. 세상과 타인과 사물은 대부분 눈을 통해서 사람 속으로 들어온다. 하늘에 둥근 보름달과 해가 있듯 사람에게는 둥근 머리에 둥근 눈이 있다. 세상에 존재하는 존재자 모두를 둥글게 생각해 달라고 둥근 눈을 통하여 마음속으로 들어오는 영상들, 편견은 사람이 만들어내는 오류다.

나 아닌 타자를 바라보는 사람의 눈이 둥글다는 것은 본디 사람의 천성은 선하다는 것을 나타내고 있는 것인지 모른다. 모든 사람을 대할 때 신분의 높낮이로 보지 말고 평등하게 대하라. 사물과 상황을 볼 때 편견을 가지지 말라. 어느 한 곳에 치우치지 말고 전후 사방을 두루두루 살펴라. 하여 손에 손을 마주잡고 만든 강강술래마냥 아름답고 둥글게 살라는 의미를 내포하고 있는 것인지 모른다.

세모나 네모 다섯모 같은 것들은 원만하지 못하다. 모가 난 것들은 한 곳에 머물러 있기를 좋아하고 좀체 움직이려 하지 않는다. 한 곳에만 머물러 있다 보면 자신도 모르는 사이 편견에 사로잡히거나 아집에 사로잡힐 수 있다. 나아가 썩은 물이 될 수도 있다.

썩은 물속은 세균들이 득실거리기에 안성맞춤이다. 모가 난 삶은 폐쇄된 삶이며 갈등의 삶이다. 폐쇄된 삶에서 갈등이 불거지면 불평과 다툼이 통제되지 않는 혼돈이 끊이질 않게 된다. 세상은 공동체다. 둥긂은 세상에 존재하는 모든 존재자는 어느 누구라도 독불장군처럼 혼자서는 살아갈 수 없다는 평범한 진리를 설파하고 있다.

선악을 분별하고 지어내는 것은 이성이다. 맹자와 그리스도교적 관점이 아니더라도 세상은 본디 선한 것이었는지 모른다. 그 선함을 있는 그대로 받아들이라고 신은 사람의 눈을 둥글게 만든 게 아니었을까. 눈은 좀처럼 거짓을 나타내지 못한다. 마음과 입술은 겉으로 드러나지 않게 거짓을 지어낼 수 있지만 눈만은 거짓을 완전히 숨기기 어렵다.

아침에 동녘에 떠 있는 둥근 해를 보면 마음이 환해지고 보름달을 마주하면 절로 마음이 풍만해진다. 둥긂은 사랑이다. 평화이며 이해다. 증오가 아닌 포용과 박애의 정신이다.

내 옆에 있는 그대, 둥근 눈으로 그대를 바라본다.

수산키

오월 말을 거쳐 유월로 접어들었다. 뉴스에서 올해는 장마가 일찍 시작되어 늦게 끝날 것이라 한다. 활짝 갠 날을 좋아하다보니 해마다 장마 소식이 달갑지 않다. 날씨처럼 마음까지 우중충해지는 건 더 싫다. 더욱이 장마가 되면 장마철 같은 이미지를 가지고 있던 어떤 사람이 떠올라 더 마음이 묵직하다.

그를 본 것은 칠십 년대 중반쯤인 것으로 기억된다. 그는 동네 한복판에서도 한참 벗어난 외곽에 있는 허름한 집에서 살았다. 말이 집이지 그가 살고 있는 곳은 거의 움막 수준이었다. 깡마른 체구에 보통 키인 그는 얼핏 보면 신경질적인 인상을 하고 있었지만 그럼에도 그에게서는 당시 잘 볼 수 없는 지성미가 풍겨 나왔다. 그랬다. 그는 당시로써는 드물게 대학교를 졸업한 인텔리였다. 지금은 통합이 되어 없어진 수산대학을 나왔다는 이야기를 듣고 장난기 많던 어린아이였던 우리는 그 학교의 이름에 빗대어 그를 수산키라고 불렀다. 돌이켜보면 천둥벌거숭이같이 철딱서니 없는 행실이었다.

그는 다른 사람들과 어울리는 일이 거의 없었다. 볼 때마다 알아들을 수 없는 말로 뭐라고 구시렁거리고 있었고 이웃을 사귀거나 함께 무엇을 하는 모습은 본 적이 없다. 어른들이 하는 이야기에 의하면 공부를 너무 많이 하여 머리가 좀 이상하게 된 것이라 했다.

혼자 생활하는 그는 움막 같은 집에서 수시로 전파를 수신한다고 했다. 누군가가 그에게 끊임없이 음흉한 전파를 보내오는데 그 발신지를 찾아내 어떤 조치를 취하지 않으면 안 된다는 것이었다. 그래도 그런 것은 약과였다. 증세가 심해져 실성한 사람처럼 허공을 향해 욕설을 퍼부어 댈 때는 무섭기까지 했다. 실제로 그럴 때 우리는 그에게서 광기 비슷한 것을 느끼기도 했다.

기억이 잘 나지는 않지만 우리는 그가 가끔 우리 곁을 지나가면 뭐라고 놀려댔다. 그럴 때면 그는 잔뜩 무서운 표정으로 쫓아왔고 우리는 재빨리 달아났던 기억이 난다. 아주 드물었지만 어떨 때는 친근하게 말을 걸어오기도 하고 우리도 대답을 했던 것 같다. 하지만 그가 사람들과 어울려 지내는 모습을 본 적은 거의 없다.

전파 운운하지 않는 어떤 날은 정신이 아주 온전한 사람처럼 보이며 일상적인 일을 하기도 했다. 그가 하는 일이래야 움막 같은 그의 집 이곳저곳을 돌보는 것으로 집 주위를 치우고 지붕 위의 들뜬 헝겊들을 손질하는 것이었다.

가끔 잘 차려 입고 점잖게 생긴 할아버지가 그를 찾아 왔다. 어른들이 도시에 사는 그의 아버지라고 했는데 한 눈에 봐도 꽤 부유한 차림새를 하고 있었다. 가족과 헤어져 그가 혼자 살게 된 것이 자의였는지 가족들의 강요였는지는 알 수 없었지만 그가 아버지를 만나면 무슨 말을 하는지 궁금했다. 아버지에게도 역시 누군가가 자신에게 끊임없이 전파를 보내온다고 했을까. 그런 아들을 대하는 아버지의 마음은 또 어떠했을까.

아버지가 다녀간 후에도 그는 변함이 없었다. 늘 혼자서 뭐라 구시렁거렸고 어떨 때는 욕지거리까지 하며 누군가가 끊임없이 자기를 해코지 하려고 전파를 보내온다는 말을 되풀이 했다. 급기야 사람들은 그가 정신이 좀 이상한 사람이라고들 하기도 했다. 그의 그런 행동들이 조금이라도 나아진 모습을 우리는 본 적이 없다. 그는 사람들이 그를 어떻게 부르든 그렇게 살았고 그의 아버지는 드문드문 그를 찾아왔고 우리들은 변함없이 그를 수산키라고 불렀다.

그 후 그에 대한 기억은 없다. 그가 움막 같은 그의 집을 비우고 마을을 떠났는지 아니면 우리의 관심사가 그보다 더 흥미로운 곳으로 기울어서였는지는 모르겠다. 머리가 너무 좋아 그렇게 됐다는 사람들의 말을 지금 생각해보니 어쩌면 그는 이상과 현실의 불균형에서 심한 혼란을 겪고 그리되지 않았을까 하는 생각이 든다. 솔제니친은 세상에는 완전히 정상인 사람도, 완전히 비정상인 사람도 없다고 했다.

당시 대부분의 사람들과는 조금은 다르게 혼자서 살던 그를 가타부타 할 수는 없다. 그러나 말끔하게 차려 입고 가끔씩 그를 찾아오던 아버지의 심정은 어땠을까. 부모는 자식이 어떠한 상황에 처해 있더라도 애오라지 사랑하고 걱정할 뿐이다.

가족과 떨어져 움막 비슷한 거처에 홀로 살아가던 성인 남자이던 아들을 둔 그의 아버지는 항상 그를 걱정하고 애달파 했을 것이다. 자신의 사후를 생각하면 더 막막하지 않았을까. 그 끝을 알 수 없던 장마 같은 마음의 짐을 아마도 지금은 고인이 되었을 그의 아버지는 어떻게 마무리 했을까 생각하면 지금도 내 마음으로 구름이 몰려든다.

자연현상의 장마는 시간이 흐르면 끝이 난다. 하지만 남과 조금은 다른 각도의 세계에서 살아가는 사람들과 그의 피붙이들이 겪는 마음의 장마는 쉬이 끝이 나지 않을 것이다. 날씨가 아무리 맑아도 그들 마음 한 구석에는 결코 쉽게 개지 않는 구름이 짓누르고 있을 것이다. 보편성은 때로 그 울타리에 함의되지 않거나 함의되지 못하는 개별성에 대해 무자비한 시선을 보낸다. 그래서 조금 다르게 살아가는 사람들이 겪는 마음의 장마는 보편적 가치가 우선시 되는 사회에선 더욱 우울하고 암울할 것이다.

올해는 유난히 폭우와 폭염이 많은 장마가 될 것 같다고 한다. 장마철에는 습도가 높아 몸으로 느끼는 더위는 더하고 기분 또한 가라앉는다. 깨끗이 씻은 몸을 흔들며 햇볕과 바람을 쥐어 잡고 신명나게 춤사위를 벌리던 빨래들도 문밖을 나설 수 없어 표정이 좋지 않아진다. 사람들도 싫든 좋든 실내에서 무거운 몸과 마음을 견디는 시간이 많을 수밖에 없다. 그러나 달포 정도만 견디면 장마는 우리 곁을 떠난다. 끝이 보이지 않는 생의 장마를 견디는 사람들에 비하면 잠깐이다.

천둥벌거숭이같이 철없던 시절, 우리가 수산키라고 부르던 그 사람은 지금 어떤 모습의 삶을 살고 있는지 궁금하다. 어쩌면 이 세상 사람이 아닌지도 모르겠다.

언니

"언니하고 나하고 오늘 운대가 안 맞는 갑따."

여자가 뱉은 언니라는 말은 윗사람을 부를 때 사용하는 뜻이 아니었다. 아니 뭐 이런 여자가 다 있지, 날 언제 봤다고, 나이도 많이 돼봤자 서른 중반밖에 안 돼 보이는데 참 싸가지가 바가지네. 언니라 하지 말고 반말 투로 중얼거리지나 말지. 그리고 내가 왜 니 언니지. 그렇게 말하며 면박이라도 주고 싶었다. 하지만 마음과는 달리 '그러게요, 그 참' 하고 말았다.

특정상품류를 절반가로 판다는 마이크 소리에 너도나도 물건을 잘 고를 수 있는 앞쪽으로 서려하고 있었다. 물건을 정가보다 싸게 산다는 것은 싼 가격만큼의 수입이 절로 생기는 것이나 매한가지다. 수입이 생기는 것을 싫어할 사람이 있겠는가. 금액의 많고 적

고를 떠나 공으로 수입이 생기는 것이니 이왕 살 물건이면 할인 할 때나 특가 판매 할 때 사는 것은 기분 좋은 일이 아닐 수 없다.

얼마 전까지만 해도 필요한 물건을 사기 위해서는 대개 전통시장에 가야했다. 그곳에서 파는 물건들은 정가가 매겨져 있지 않아 사고파는 이 사이에 흥정이 이루어진다. 사는 이가 파는 쪽에서 부르는 값에서 조금만 에누리해 달라고 하면 안된다하다가도 에누리를 해 주거나 못 해주면 대신 물건을 한 두어 개쯤 덤으로 주곤 하는 것이 예사다.

그러나 요즘은 필요한 물건을 사기 위해서는 대부분 마트에 간다. 얼굴 보고 흥정하며 매매가 이루어지는 전통시장과는 달리 마트의 상품들엔 값이 매겨져 있어 주거니 받거니 하는 흥정이 필요없다. 대신 특정한 기간 행사를 하거나 특정 상품을 할인 또는 기획가로 파는 것이 전통시장에서의 에누리와 비슷하다고나 할까. 한 푼이라도 싸게 사려는 이들은 이런 기회를 잘 활용한다. 그런데 간혹 예정에 없이 특정 상품을 싼 가격으로 파는 경우를 만나기도 하는데 오늘이 바로 그런 날이었다. 살 만한 물건이면 이참에 사두려고 판매대 쪽으로 갔다.

바깥 날씨가 숨 쉬기도 힘들 정도로 덥다 보니 더위를 피하려 들어온 사람들이 많은지 마트 안은 평일이지만 많이 붐볐다. 좋은 게 있으려나. 판매대에 진열된 상품을 보려고 이미 산 물건이 가득 실려 있는 카트기를 몰고 사람들이 몰려 있는 쪽으로 다가갔다. 앞쪽은 이미 사람들이 다 막고 있어 뒤쪽에 카트기를 대며 살만한 게 있나 머리를 앞으로 디밀었다. 그때 여자가 갑자기 뒤쪽으로 돌아서다 내가 잡고 있는 카트기에 발이 살짝 부딪쳤다.

"아야!"

여자가 얼굴을 찌푸리며 왜 거기에 카트기를 대어 발이 부딪치게 했느냐는 듯 쳐다보았다. 그리고 잘못했으니 사과라도 해야 할 것 아니냐는 듯한 눈길을 다시 보내왔다. 분명 내 잘못은 아니었다. 뒤쪽에 뭐가 있을 지는 생각지도 않고 함부로 돌아선 그녀 잘못이었다. 내 잘못이 아니고 니 잘못이잖아. 그 정도는 부딪친 것도 아니고 엄살 부릴 정도로 아프지도 않잖아. 그렇게 쏘아주고 싶었으나 '에그 죄송해요.' 하고 말았다. 내 태도에 여자도 찌푸린 얼굴을 푸는 눈치였다.

언제부턴가 좋은 게 좋다는 논리가 생활철학이 되어가고 있다. 큰 손해 보지 않고 내가 조금 수그려 상황이 좋은 쪽으로 전환되는 경우라면 굳이 시시비비를 가리지 않고 그냥 넘어가는 것도 좋은 대처법이라는 나름대로의 지침을 가지게 되었다. 시시비비를 흑백으로 분명히 가리는 게 능사만이 아니라는 것을 느끼게 된 까닭이기도 하지만 세 치 혀가 사람을 죽이기도 살리기도 하는 것이고 보면 오늘같이 날씨가 무덥고 남의 사정 잘 생각하지 않는 시대에

괜한 시비가 붙어 볼썽사나운 상황이 일어날 수도 있기 때문이다.

여자가 있던 자리에 들어가 이것저것 물건을 살펴보고 있었다. 할인 하는 물건도 잘 골라 사면 꽤 괜찮은 것을 구입할 수 있다. 그러나 오늘은 아니었다. 그래도 무심코 놓친 괜찮은 물건이 없나하며 다시 한 번 진열되어 있는 물건들을 쭉 훑어보았다. 그러나 별로 건질만한 게 없어 몸을 뒤로 돌렸다.

"아야!"

또 그 여자였다. 뒤로 돌아서는 순간 여자가 내 카트기 쪽으로 다가와 살짝 부딪치게 된 것이다. 아까도 부딪치고 또 부딪치다 보니 자기도 계면쩍었던지 아까와는 달리 인상을 쓰는 대신 엷은 미소를 띠며 '언니하고 나하고 오늘 운대가 안 맞는 갑따.' 한 것이다. '그러게요, 그 참.' 하고 말았지만 기분은 많이 언짢았다.

언니라는 말은 다 알고 있듯이 자매 사이에서나 손아래 여자가 손위 여자를 부르는 호칭이다. 그런데 요즘은 이모라는 호칭과 함께 나이에 상관없이 언니라고 부르는 경우가 많다. 옷가게나 식당 또는 좀 애매한 곳에서는 언니라는 말이 마치 상대를 부르는 지정된 호칭인양 사용되고 있다. 어떨 때는 남자가 언니라고 부르는 경우도 있다. 이 때 언니라고 부르는 것은 상대에 대한 공손표현이 아니라 아무런 뜻 없이 부르는 그저 그런 호칭에 불과하다. 가게에서도 고객님이나 손님하고 부르는 것이 훨씬 좋은데 어찌된 건지

이모 아니면 언니다.

얼핏 보아 여자와 나의 나이 차이는 족히 십 년도 넘을 것 같은데 언니라니, 그것도 두 눈 똑바로 뜨고 쳐다보면서 반말 투로 말이다. 어느 사회건 그 사회가 지속되면서 형성시켜온 공통의 문화 원칙과 예의가 있다. '오늘 아주머니하고 저하고 일진이 좋지 않은가 봐요.' 라고 하는 게 맞다. 그도 문장이 길어 걸리적거린다면 살짝 미소 지으며 '또 부딪쳤군요.' 하고 넘겨도 될 것이다.

서구 문화가 수용되면서 개인주의가 우리 사회에 많이 안착이 된 것 같지만 우리 사회는 아랫사람과 윗사람 사이의 경어가 체계화된 언어습속을 가지고 있다. 법처럼 강제성은 가지지 않지만 서로 지켜야할 관습이고 약속이며 도덕이다. 사소해 보이지만 이런 작은 관습과 약속, 도덕을 유념하지 않아 큰 사건으로 확대되어버리는 경우를 종종 본다.

언니라는 말에는 우리 문화권에서만 형성된 공손과 예의의 마음이 담겨 있다. 특정 공간에서 불리는 은어야 어쩌지 못한다하더라도 일상에서는 본디 뜻에 맞게 사용 했으면 하는 바람이다.

실낙원

더위를 수직으로 가르며 냅다 달린다. 풍덩, 풍덩! 볼링 핀이 쓰러지듯 검정 팬티만 입은 채로 강물 속으로 엎어지며 뛰어 든다. 강물이 순식간에 몸에 묻어 있던 찍찍한 더위를 싹 씻어준다. 손바닥으로 물을 떠서 친구들을 향해 던지다가 팔을 뒤쪽으로 휘저으며 대뜸 물을 치기도 한다. 짓궂은 아이가 살금살금 다가와 팬티를 벗기는 장난을 걸어오기도 하지만 놀이일 뿐 히히히, 호호호 깔깔거리다 그냥 다시 입으면 그만이다. 물장난을 하다가 개헤엄을 치기도 하고 물 위에 등을 대고 벌러덩 드러누워 누가 더 오래 갈 수 있나 내기도 한다.

그러다가 싫증이 나면 팬티를 벗어 물속에 슬슬 흔들어 씻고 비틀어 짠 후 다시 입는다. 발을 한 발 한 발 번갈아 들어가며 젖지 않게 입고는 물 밖으로 나와 백사장을 뛰고 뒹굴다가 모래를 가지고 논다. 햇살에 익어 따끈따끈한 모래사장은 세상 걱정을 모르는 우리마냥 원하는 것은 무엇이든 쉽게 만들어 준다.

모래 위에 한 손을 놓고 나머지 손으로 젖은 모래를 쌓으면 세상에 없던 집이 만들어지고 밥상이며 떡, 반찬 등 가지고 싶은 것들이 만들어 진다. 내 집 네 집이 만들어지면 소꿉놀이를 한다. 뱃속이 허전해지고 재미가 한풀 꺾이면 다시 물속으로 들어가 몸에 묻은 모래를 씻어낸 후, 풀숲에 벗어 두었던 옷을 입고 집으로 간다.

집으로 가는 둑길에는 때 이른 고추잠자리가 날아다니고 방아깨비와 여치가 풀 사이에서 폴짝거린다. 방아깨비를 잡아 풀 대궁에 꿰기도 하며 갈 때는 올 때와 달리 느리게 간다. 길옆에는 포도밭이 많았다. 아무도 읽어내지 않은 땅 속 이야기를 동그랗게 빚어 놓은 포도송이들은 아직 보랏빛이 비치는 푸른색이지만 개의치 않는다. 한두 명이 망을 보고 다른 아이들은 포도밭으로 살금살금 들어가 덜 익은 포도송이를 따서 냉큼 달려 나온다. 입안에 들어온 포도의 맛은 두 눈이 깜빡 감길 정도로 시지만 그도 없어 못 먹던 시절이었으니 신맛도 단맛 같았다.

그러나 늘 평화로운 날만 있는 것은 아니었다. 안전에 대한 별도의 제재가 없던 시절 너도나도 강에서 물놀이를 하다 보니 사고도 심심찮았다. 한 번은 오빠와 함께 물놀이를 가는데 옆집에 살던 오빠 친구가 같이 가겠다고 따라 나섰다. 자세한 기억은 나질 않는데 그 오빠는 할머니와 함께 살고 있었던 것으로 기억된다. 오빠가 안 된다고 하였지만 기어코 함께 가겠다며 따라나섰다. 그런데 그만 물에 빠져 죽고 말았다. 사후처리에 대한 기억 또한 남아 있지 않지만 옆 집 할머니는 툭하면 오빠가 자신의 손자를 데려가 죽게 만들었다며 모든 것이 오빠 때문이라는 말을 동네 사람들에게 하고 다녔다. 우리 가족이 듣기에는 상당히 부담스러운 말이었으나 달리 방도도 없었으니 그냥 속수무책이었다.

그렇게 물에 빠져 죽은 사람을 위하여 굿을 하는 경우도 종종 있었다. 붉은 천과 푸른 천을 드리운 배가 강에 뜨고 산 자와 죽은 자의 한을 씻는 의식으로써의 굿이 시작되면 당사자들의 애끓는 심정과는 달리 또 다른 볼거리인양 강변에는 구경하는 사람들이 무리지어 있곤 했다. 무당이 하얀 천을 흔들며 물에 빠져 죽은 이의 혼령을 부르면 남은 가족들의 호곡소리에 옥수수밭도 수수밭도 슬퍼서 우는지 바람에 쏴쏴 소리를 내며 온몸을 흔들어댔다.

가끔은 해질녘을 택해 죽은 이를 화장하는 모습도 볼 수 있었는데 멀리서 공중으로 솟아오르는 연기만 보았을 뿐 한 번도 가까이 가 본 적은 없다. 어떤 사람은 사자의 배가 터지는 소리가 뻥하고 들린다고도 하였다. 죽음도 먼 나라의 이해할 수 없는, 나와는 무관한 일로만 알았던 그때가 돌이켜 보면 낙원이었다. 무섭고도 기이한 일이었지만 모든 게 호기심과 흥미의 대상으로만 여겨지던 낙원에서 보낸 시절이었다.

문명의 기원이 강에 있듯 나의 어린 시절은 강을 놀이터 삼아 봄에는 딸기서리 완두콩서리, 여름엔 포도서리 옥수수서리 수박서리 등을 일삼으며 세상천지가 행복으로 해가 뜨고 지는 세월이었다. 초여름 강변에서 대국밀이네 참밀이네 하며 서리한 밀을 까맣게 그을려 먹으면서도 가난을 가난으로 인식하지 못하고 사람과 사람 사이에도 국경이 있다는 것을 까맣게 모르며 천진하고 무구했던 그 시절, 자고 나면 하루하루가 피아노 건반처럼 눈앞에 놓여 있어 맨발로 걸으면 아름답고 신나는 일만 울려나오는 줄만 알았다.

나이를 먹는 게 보이지 않듯 언제부터 낙원에서 걸어 나왔는지 잘 기억이 나지 않는다. 지금은 어느 때보다도 풍요로운 물질적 혜택을 누리고 살지만 그때처럼 천진하지 않다. 천진하지 않은 만큼 세상을 해석하려 들고 그만큼 낙원을 잃어버렸다. 그래서 젊음이 휘발되는 가슴에는 낙엽 같은 그리움이 쌓여 나이테만 굳어지고 실낙원에 대한 향수는 구름이 되어 먼 하늘을 흐른다.

生에서 死로

저쪽에 무아가 있었지. 거짓말 좀 보태면 청춘의 절반을 보냈던 곳. 많은 엘피판과 고가의 오디오시스템이 설치되어 있고 어두운 실내와는 달리 안이 보이던 마법 상자 같던 뮤직 박스. 그곳에는 그 시절 인기 많았던 디스크자키가 멋있게 턴테이블 위로 엘피판을 올리고 내리곤 했지. 디스크자키가 세상에서 가장 멋있게 보이던 시절이었고 청춘의 방황은 끝을 보이지 않던 때였지.

지하철 중앙동역에서 종종 만난 우리는 부산우체국을 끼고 대청동 가톨릭센터까지 걸어갔지. 목요음악회와 문학단체에서 하는 행사에 참석하기 위해서였지, 아마. 때로는 중앙성당 쪽으로 발길을 돌려 용두산 공원에 올라 눈 아래 펼쳐진 바다와 비둘기들과 천진하게 놀고 있는 사람들을 바라보기도 했지. 사람들이 던져주는 먹이를 먹으려고 비둘기들은 사람들 주위를 떠나지 않았지. 지금도 그때처럼 용두산 공원에는 어르신들이 하릴없이 서성이고 계실까.

가장자리에 꽃시계탑이 있던 공원을 한 바퀴 돌고 남포동 쪽으로 나오면 미화당백화점과 연결되는 계단이 있었지. 한 층 한 층 내려가며 백화점 물건들을 아이쇼핑하고 일층 정문으로 나오면 번화한 남포동 거리가 바로 눈앞이었지. 맞은편엔 지금은 없어진 명성레코드 가게가 있었고 그곳에서는 아름다운 음악을 대책 없이 흘려보내 이유 없이 들뜬 젊은이들의 가슴을 더욱 부풀리었지.

크리스마스 무렵에는 징글벨을 비롯한 캐럴송을 얼마나 크게 틀어놓았던지. 모두가 크리스천이 아니었지만 캐럴송을 들으면 세상에는 평화만 가득하고 동화 속에 나오는 아름다운 일들이 어디선가 막 생길 것 같은 설렘도 알 수 없이 일었지. 그 때 우리는 한창 이성에 호기심이 많았던 나이라 하늘에서 뚝 떨어진 멋진 남자를 만날 수 있을 것 같은 기대를 가지기도 했지. 해서 밤늦게까지 광복로와 남포동 거리를 쏘다니다 늦은 귀가로 부모님께 꾸중을 듣기도 했지.

때론 레코드 가게 문을 열고 들어가 음악마니아인척 하며 베토벤이나 차이코프스키 같은 뮤지션들의 음반을 사기도 했지. 주머니가 가난하던 청년시절, 우리들은 음악을 무지 좋아하였던 거지. 취미가 뭐냐 물으면 음악 감상이라고 대답했고 고독이나 낭만이라는 단어를 청춘의 대명사인양 즐겨 사용하였지. 그게 청년시절의 크나큰 매력이라도 되듯 생각했고 여행이나 운동 같은 활동적인 취미보다는 조용한 음악 감상실을 툭하면 찾아들었지.

음악 감상실 무아는 우리들의 아지트였지. 한 번 들어가면 거의 몇 시간을 눙치고도 지겨워하지 않았으니 청춘의 많은 에너지를 소모한 곳이었던 만큼 우리 생에서 빼놓을 수 없는 장소라 할 수 있겠지. '별이 빛나는 밤' 이라는 지역방송 프로그램을 진행하던 당시 꽤 유명했던 유문규 씨가 디스크자키를 맡고 있었듯 부산에서 내로라하는 방송국의 음악프로그램을 진행하는 사람 가운데 무아를 거치지 않은 사람이 없을 정도였지.

우리는 교양과 낭만을 아는 청춘들이라 자부하며 시구를 적은 리퀘스트페이퍼를 뮤직 박스 안으로 밀어 넣고 신청한 음악이 나오기를 기다리며 어두운 실내에서 의미 없는 이야기들을 소곤거렸지. 디스크자키의 관심을 끌려고 꽤 괜찮은 시어들을 찾아서 적었고 음악도 쉽게 들을 수 없는 곡을 애써 신청하고는 했지. 사연이 읽혀지고 신청한 음악을 들을 때도 있었지만 신청하는 사람이 많을 때는 그냥 지나쳐지기도 했지. 그렇게 시간을 보내고 음악실 밖으로 나오면 광복로에는 어둠이 낮에 보았던 거리를 지워놓고 있었지. 귀에 남은 음악의 여음을 두르고 남포동역으로 갈 때는 축제 끝난 뒤의 심정처럼 허허로운 날도 더러 있었다 그지.

언제까지나 끝이 보이지 않을 것 같던 청춘시절의 방황도 염려하던 것과는 달리 별 탈 없이 흘러갔고 여느 세상 사람들처럼 우리도 결혼하고 부모가 되었지. 부모님들이 벌써 세상 사람이 아니듯 한때 남포동의 중심을 이루었던 무아와 미화당백화점, 명성레코드도 시간의 저쪽으로 사라진 지 오래. 세월 따라 변하지 않는 게 이상하겠지만 아주 가끔 중앙동이나 광복로, 남포동을 지날 때는 너무 많이 변한 모습에 옛날이 더 생각나는 거 있지. 하긴 그때의 우리 외관과 지금 외관만 비교해 봐도 천양지차지만 자꾸 그 시절이 떠오르고 그리워지는 건 지금의 삶이 여유 있어서인지 나이가 들어서 그런지.

아무렴, 변화를 실감하는 것은 그만큼 나이 들었다는 거겠지. 남포동에서 보낸 우리 청춘의 유적이 대부분 사라지고 없듯 우리의 젊음도 저쪽 모퉁이를 돌아가 다시는 찾을 수 없게 되어버렸네. 존재하던 것이 사라지는 건 무상한 일이지만 지천명을 지나고 보니 무상도 덤덤히 견딜 수 있다는 생각도 드네. 그렇지 않고서야 머지않은 날 우리에게 다가올 생의 종말을 어찌 감히 상상이나 할 수 있겠나. 인생도 결국에는 生에서 死로 향해 가는 변화의 과정이 아닌가.

옛날엔 십 년이면 강산도 변한다 했지만 이제는 자고나면 세상이 바뀌니 변함없는 우리 우정에 감사할 따름이다. 세월이 조금 더 흐른 후의 중앙동과 광복로, 남포동은 또 어떻게 변할지.

그 길

세상에는 이 길이 있었지. 항시 사람 발자국이 찍혀 있고 사람 냄새가 묻어나는 길. 길을 가다 한 눈 팔다 부딪쳐도 서로 상대의 안위를 걱정해 주는 길. 길가에 핀 작은 꽃들과 눈인사를 나누는 여유에 불신과 불화가 끼어들 틈이 적었던 길. 불과 얼마 전까지만 해도 인생여정은 이 길을 통해서 갔다. 그런데 언제부터인가 굴뚝에서 피어오른 연기가 공중으로 사라지듯 이 길을 벗어난 사람들은 딱딱한 길만 가고 있다. 많은 땅들이 아스팔트나 콘크리트로 덮이면서 흙들은 자취를 감추고 사람들은 자동차에 갇혀 자신의 갈 길만 바삐 달리고 있는 것이다. 다른 사람과 함께 가고 다른 사람을 만나기도 하던 그 길은 해서 기억의 서랍 맨 아래쪽에 빛바랜 편지처럼 남아 있는 게 대부분이다.

기억 속에서조차 희미한 그 길이 눈앞에 나타났을 때 세상에 아직 이런 길이 있나 어리둥절했지만 곧 부드러운 흙을 밟듯 마음이 포근해지기 시작했다. 기어를 전진에 두고 끊임없이 앞으로만 달려가는 문명의 발달로 어쩔 수 없이 잊고 살았던 길이었지만 그 길을 완전히 잊은 사람이 있겠는가.

청년은 횡단보도의 붉은 신호등이 초록색으로 바뀌기를 기다리고 있었던 모양이다. 직진 신호를 보며 주행 중이던 내 차가 비보호 좌회전 지역에서 사정없이 끼어든 차에 부딪쳐 오른쪽으로 한 번 튕긴 후 멈춰 섰을 때, 신호가 바뀌기를 기다리고 있던 청년은 눈앞에서 벌어진 사고의 진위를 정확히 보았던 것이다.

갑작스레 사고를 당한 심장은 평소보다 몇 배나 빠르게 뛰었다. 가까스로 진정하며 상대 차를 보니 검정 승용차 안에 남자 셋이 타고 있다. 수적으로 열세라는 생각이 퍼떡 들면서 내가 잘못한 것은 없는데도 막연히 겁이 났다. 잘못을 나한테 뒤집어씌우는 것은 아닐까. 자신들은 제대로 달렸는데 내가 전방주시에 태만해서 사고가 발생했다고 딱 잡아떼면 어떡하지. 한 사람이 한 마디씩만 해도 상황이 뒤바뀔 수도 있겠다는 생각이 들며 짧은 순간에 일어날 수 있는 모든 부정적 시나리오가 상상이 되었다.

상대 차의 운전사가 자신의 차를 도로 옆으로 뺐다. 사고 상황과 잘못을 정확히 가리려면 차는 제자리에 그대로 두어야 하는 게 아닌가. 그들이 차를 이동시키는 순간, 그대로 차를 몰고 달아나버리는 것이 아닐까 하는 생각마저 들었다. 뒷좌석에 탄 동승자는 차가 부딪칠 때 앞좌석에 박은 머리가 아프다며 감싸고 있었다. 보험사에 연락을 해야 하나, 경찰을 불러야 하나, 구급차를 먼저 불러야 하나, 도대체 뭐부터 먼저 해야 하지. 난생 처음 겪는 사태에 뭘 어떻게 해야 할지 몰라 하며 일단 차에서 내렸다. 내 차는 뒷문 일부가 충격으로 뜯겨 나가고 안으로 심하게 찍힌 채 찌그러져 있었다.

어찌할 바를 몰라 하고 있는데 청년이 나에게 다가와서 말했다. 내 잘못이 아니고 상대 차가 잘못한 것이라고. 그리고 어서 경찰에 연락부터 하라고. 그제야 정신이 번쩍 들었다. 동승자는 계속 아프다며 두 손으로 머리를 움켜쥐고 있었다. 후들거리는 손가락으로 휴대폰 번호를 눌러 경찰에 사건을 알리고 도움을 요청했다. 구급차도 부르고 보험회사에도 연락을 했다.

아직도 우왕좌왕 하던 나는 청년에게 고맙다는 말은 생각할 겨를도 없이 부탁부터 했다. 사고를 목격했으니 나중에 경찰이 오면 증언을 좀 해 달라고. 그러나 청년은 시간이 없어서 안 되겠다했다. 그러면 연락처라도 좀 적어 달라고 하자 휴대폰 번호를 가르쳐 주었다. 휴대폰에 청년이 불러주는 전화번호를 누른 후 '목격자'라고 저장을 했다. 그 순간 '휴' 하는 안도의 숨이 흘러나왔다. 상대 차의 운전자가 자신의 잘못을 딱 잡아떼더라도 사고 경위를 목격한 사람이 있으니 한결 마음이 놓였다.

지방자치단체장과 의회의원을 뽑는 선거가 있는 날이라 경찰력이 선거관리에 투입된 관계로 경찰차는 쉬이 오지 않았다. 얼마 후 구급차가 오고 보험회사에서 출동한 차량이 왔다. 다시 얼마쯤 지나자 경찰차도 도착했다.

동승자는 구급차에 실려 병원으로 가고 경찰은 양쪽 운전자를 불러 사고 상황을 조사하기 시작했다. 그때, 바빠서 가야한다던 아까 그 청년이 다가왔다. 이미 간 것으로 알고 있었는데 내가 걱정이 되어 갈 수가 없어 경찰차가 올 때까지 한쪽에서 기다리고 있었단다. 자신이 목격한 내용을 경찰에게 이야기 한 후, 이름과 주민번호 연락처까지 알려주고 청년은 자신이 가야할 곳으로 갔다.

물질적 풍요와 다양한 매체의 매스컴, 높아진 평균 학력으로 모두가 똑똑한 오늘날이다. 자신의 지식으로 웬만한 문제는 해결할 수 있으니 굳이 남에게 아쉬운 말을 할 필요도 별 없다. 논리적 금전적으로나 조금이라도 손해를 입거나 피해를 보면 즉각 시시비비를 가리며 언성을 높이고 삿대질을 하기도 한다.

나 역시 남 간섭하지 않고 간섭 받지 않는 개인주의를 지향한다. 삶의 리듬을 깨기 싫기 때문이다. 그러나 모두 똑똑하기 때문에 자신만의 섬에서 혼자 외롭게 살아가고 있는 것 같은 느낌을 받을 때가 많다. 그 섬에서 타자를 알려고도, 타자에게로 가는 방법을 찾으려고도 하지 않을 뿐 아니라 무관심과 방관으로 일관하며 철저하게 '너는 너, 나는 나' 로 살아가고 있음을 느낄 때도 많다. 아스팔트로 잘 닦인 도로가 곳곳에 늘어나도 바로 옆에 있는 타자에게로 가는 길은 잊어 버렸는지 모른다.

오늘 청년은 잊어버린 그 길을 내 앞에 풀어 놓고 갔다. 타자에게로 가는 길가에는 관심의 나무들이 숲을 이루고 정으로 피어난 꽃들이 곱다시 피어 있다. 또 이해와 배려, 양보가 큰 너럭바위로 펼쳐져 있어 걷다가 다리가 아프면 쉬었다 걸어도 좋다. 품이 넓은 바위는 너도 앉고 나도 앉고 모두가 함께 앉아도 불평을 하지 않는다. 잘 닦여진 도로에서 정해진 자신만의 길을 달리다 뜻하지 않은 사고로 행여 불이익이라도 입지 않을까 전전긍긍하던 내 앞에 청년은 오랫동안 잊고 살던 그 길을 풀어 놓고 자신이 가던 길을 갔다.

격

제대로 된 전통 한옥을 꼭 한번 보고 싶다는 생각을 늘 갖고 있었다. 그러던 중, 모임에서 봄 야유회를 가게 되었다. 의령 일대를 돌아보고 오는 여정이었는데 그 중 한 곳이 곽재우 의병장의 생가였다. 혹 전통한옥을 볼 수 있을지 모른다는 기대감을 가지고 갔는데 정말 제대로 된 전통 한옥이 눈앞에 나타났다. 우람한 솟을대문과 중문, 행랑채와 사랑채, 안채와 별채, 곳간과 장독대, 흙마당에 우물까지 정갈한 그야말로 전형적인 사대부가의 한옥이었다. 어림잡아 오백 여 평도 더 될 듯한 큰 집이었다. 부리는 이도 수십 명이 넘었을 것 같았다. 지금도 그러하겠지만 위풍이 우람하고 멋스런 커다란 한옥은 정말 부자가 아니면 살 수 없었을 것이다. 그러한 집에서 산 곽재우 의병장은 얼마나 귀품 있고 운치 있는 삶을 살았을까. 지금 바로 들어가 살아도 불편함과 모자람이 없을 듯 잘 가꾸어져 있었다.

이리 오너라하고 소리치면 머리에 흰 수건을 두른 마당쇠나 돌쇠가 얼른 뛰어나올 것 같은 솟을대문. 솟을대문을 지나 머슴들이 거주하던 행랑채를 지나면 사랑채가 나오고 왼쪽 옆에 중문이 나타난다. 중문을 지나면 안주인이 기거하던 안채와 작은 곳간, 큰 곳간이 있다. 곳간이 한 곳도 아니고 두 군데 그것도 커다란 것이 있다는 것은 가문의 재력이 어떠한가를 잘 말해주고 있다. 한 쪽에는 시집가지 않은 여식이나 갓 시집온 새댁이 거처하는 별채도 있고 뒷간도 있다. 누구라도 높은 신분이 되고 싶은 생각을 해보지 않은 적이 없을 것이다. 잠깐 시간을 거슬러 그 큰 집의 가족이 되어 우아하게 서있는 모습을 상상해 본다.

아침 일찍 일어난 하인들이 대빗자루로 정갈하게 쓸어 놓은 흙마당에는 결 고운 흙 물결이 져있다. 마당쇠나 돌쇠, 언년이나 삼월이를 부르니 쏜살같이 달려온다. 쪽 진 머리에 노랑저고리 폭 넓은 다홍치마를 거느리고 정갈한 흙마당을 지나 담벼락에 피어 있는 배롱나무 꽃을 바라본다. 붉은 꽃송이들도 생활만큼 여유롭고 넉넉하게 피어 있다. 상상만 해도 고귀한 귀족의 신분이 된 듯한 느낌이 든다.

곽재우는 반상의 구분이 엄격하던 시대에 곳간을 두 개씩이나 가지고 있는 양반가에서 살았다. 집의 규모를 보면 당시 가문의 위엄과 재력이 여간 높은 게 아니었음을 알 수 있다. 힘들게 겨울을 이겨내고 봄이 올 무렵이면 보릿고개 걱정하며 살던 일반백성과는 비교도 할 수 없을 정도의 부유함을 누리고 살았을 것이다. 요즘 말로 그는 상류층이고 부유층이고 귀족이었다. 경제적 안정 속에서 부유하게 살던 곽재우에게 가장 큰 시련은 임진왜란이라는 전쟁이었을 것이다. 전쟁은 태어날 때부터 그의 것이던 부와 안온을 벌집 쑤시듯 흔들어 놓았을 것이다.

임진왜란이 일어났을 때 나라에서 가장 큰 집인 대궐에서 사시던 선조임금께서는 백성들을 사지에 두고 피란을 가셨다. 한국전쟁 당시 이승만 대통령도 녹음된 육성을 라디오로 송출해 놓고 자신만 살겠다고 국민들 몰래 피란을 가셨다. 그뿐인가. 오늘날에도 돈 많고 권력 있는 집의 아들들은 이중국적 취득이나 건강진단서 위조 등으로 병역의무를 면제 받거나 하지 않으려고 온갖 추잡한 행태들을 연출하고 있다. 시쳇말로 돈 있고 힘 있는 집 아들은 군대 안 가고 돈 없고 가난한 집 아들들만 군대 간다는 말이 나도는 게 현실이다.

귀족이나 양반이라고 불리려면 그에 맞는 격이 반드시 갖추어져 있어야 한다. 부만 있고 격이 빠져 있는 사람은 귀족이나 양반이 아니다. 글자 그대로 부자일 뿐이다. 우리는 무의식중에 귀족과 양반에 대한 동경심을 가지고 있다. 그래서 어릴 때 읽는 동화책의 대부분은 공주나 왕자와의 결혼이라는 해피엔딩으로 끝나는 줄거리를 가지고 있는지 모른다. 귀족이나 양반의 삶을 동경하는 것은 쉽다. 그러나 귀족이나 양반으로서의 격을 갖추고 살아가기는 쉽지 않다.

가슴이 넓다고 마음이 넓은 것이 아니듯, 곳간 넓다고 넓은 인심 나는 것도 아니다. 부잣집에 산다고 인품이 모두 대청마루 같아 지친 사람의 몸과 마음을 품고 다독일 수 있는 것도 아니다. 곽재우는 그가 살고 있던 집보다 몇 배나 넓은 휴머니즘으로 나라와 백성들의 안위를 위해 자신이 기득권처럼 가지고 있던 안온을 희생했다.

바람막이 같은 산이 집을 감싸듯 에워싼 넓디넓은 부잣집에서 귀하게 살았을 곽재우. 한 장 한 장의 기와가 모여 비와 이슬로부터 건축물을 보호해주는 지붕이 되듯, 뿌리가 파헤쳐진 잡초 같은 백성들과 나라를 걱정하며 자신의 집 솟을대문과 곳간을 열었을 곽재우. 나라와 백성을 포기한 임금이 피란을 가고 곳곳에서 사람이 죽어가는 마당에 자신의 생존에 본능적 위협을 느끼지 않을 사람이 있을까.

예나 지금이나 재력은 막강한 위력을 발휘한다. 당시 그가 가진 재력이라면 마음먹기에 따라 어떤 방법을 사용해서든 자신의 안위를 간구할 수도 있었을 것이다. 부유층이나 상류층이라고 모두 귀족이나 양반은 아니다. 큰 집에서 산다고 그 집에 사는 사람들이 다 큰 사람, 된 사람들도 아니다. 하지만 나무는 크면 클수록 다리 아픈 사람들이 쉴 수 있는 그늘을 넓게 펼친다.

다행스럽게 나는 전쟁의 고통을 겪지 않았다. 오래 전, 매스컴을 통해 미국과 이라크의 전쟁을 보면서 체험하지 않아도 전쟁은 아비규환임을 통감할 수 있었다. 전쟁을 일으킨 미군의 폭격에 폭파되는 것은 이라크의 바그다드만이 아니었다. 처참한 전쟁실상이 방영되고 있을 당시 가장 고통스러웠던 것은 전장에서 죽어가는 젊은 병사들의 처참한 모습도, 인류의 평화를 위한다는 미명으로 특정 인간들이 저지른 전쟁에 대한 분노도 아니었다. 당시 나는 얼마간의 주식을 가지고 있었는데 주변상황에 전기 통하듯 민감한 게 주식시장이 아니던가. 세계 경제의 불안감을 야기 시키면서 전쟁은 주식시장을 하루하루 무너뜨리고 있었다. 게다가 내가 가지고 있던 주식의 회사는 전쟁당사국인 이라크를 비롯하여 중동에서 주로 활약하는 건설회사의 것이어서 직격탄을 맞고 말았다.

하루하루 종이로 전락해 가는 주식 때문에 가슴이 미어질 것 같았다. 전장에서 죽어가는 병사들의 모습에 눈물도 나왔지만 바닥이 보이지 않는 곳으로 추락하는 주식만큼 절박하게 느껴지지는 않았다. 눈앞에서 당하는 자산의 손실 때문에 화가 나서 견딜 수가 없을 지경이었다. 사람이 죽어가는 마당에 주식 손해 보는 것 가지고 난리치는 것은 아무리 생각해도 정떨어지는 모양새다. 그러나 나는 소인배답게 내 손 안의 손실을 무엇보다 중요하게만 느꼈다.

최고 지도자가 버리고 간 나라와 백성을 위해 자신의 안위와 평온을 마다하고 사지에서 앞장섰던 의병장 곽재우. 그는 위기에 처한 타자들을 결코 방치하지 않았다. 자신의 집 대청마루보다도 마당보다도 더 넓고 넉넉한 인품의 마당으로 상처 입은 타자들을 불러 함께 위기를 견딘 그는 휴머니스트였다. 또한 그는 부자가 아닌 귀족이고 양반이었다. 우뚝 솟은 솟을대문, 오백 여 평도 더 되어 보이는 넓은 터에 곳간을 두 개씩이나 둔, 수십 명의 하인들을 거느렸을 법한 커다란 집에 살 자격이 있는 격이 높은 진정한 우리나라의 귀족이고 양반이었다.

백장미가 핀 집으로

봄이 되면 나의 집은 마법에 걸린다. 겨우내 무채색이던 마당에 앞서거니 뒤서거니 온갖 꽃들이 피어나는 것이다. 목련을 비롯해 벚꽃 개나리, 벚꽃이 질 무렵이면 영산홍과 천리향이 피어나고 이들이 질 무렵에는 함박이며 모란이 핀다. 함박과 모란이 질 무렵에는 여기저기서 장미가 피어나기 시작하는데 꽃 중의 꽃이다. 백장미 흑장미 홍장미. 대문 밖 담벼락을 비롯해 마당이며 현관 들어오는 곳 등 탐스러운 장미들은 어떤 꽃들보다도 자신을 뚜렷이 드러낸다. 담벼락에 피어 있는 장미꽃은 봉오리일 때는 연분홍이다가 꽃이 피기 시작하면 엷어지기 시작하여 활짝 피어서는 백장미가 된다. 마당에 핀 장미꽃은 흑장미와 주홍, 현관 앞에는 흑장미와 백장미가 어우러져 핀다.

현관 앞에는 남편이 아치형 구조물을 만들어 놓았는데 그 구조물을 타고 장미꽃이 피면 장미터널이 된다. 밖으로 나가려면 어딜 가든 장미터널을 지나가야 한다. 가족들은 하루에도 몇 번씩 장미터널을 지나다닌다. 장미터널을 지날 때면 마치 동화 속에 나오는 비밀의 화원을 걷는 느낌이 든다.

우리가 살고 있는 곳은 녹지로 지정되어 수십 년을 보냈고, 또 십여 년 전부터는 재개발지로 묶여 모든 개발행위가 제한되어 있었다. 세월의 더께가 고스란히 묻어 있는 낡은 슬레이트지붕과 시멘트벽의 집들은 언젠가 개발이 되면 허물 것인데 굳이 손 볼 필요가 없다며 방치를 하여 외관이 말이 아니다. 얼핏 보면 폐가 같기도 하다.

가까이 가면 여기저기 거미줄이 엮여져 있을 것 같고 신발이나 지네 등의 벌레가 기어 나올 것같이 보이는 집도 여럿 있다. 벽지가 바래고 하수구가 말썽을 부려도 개발 운운하면서 지나온 세월이 십여 년이 넘는다. 우리 집도 예외는 아니어서 벽지가 보기 민망할 정도로 지저분해졌을 때도 도배를 하지 않았다. 더 이상 두고 볼 수 없을 정도로 지저분해졌을 때 할 수 없이 가장 싼 종이벽지로 도배를 했다. 마당에 있는 나무들 또한 거의 방치하다시피 내버려 두었다.

그러한 동네와 집에 정이 갈 리 없었고 그런 까닭에 집이 있으면서도 마음은 늘 뿌리를 내리지 못하는 부초 같았다. 이렇든 저렇든 하루 빨리 결정이 나서 좋은 곳으로 이사 가 집같이 꾸며놓고 살게 될 날만 목이 빠져라 기다렸다. 하지만 개발은 쉽게 이루어지지 않았다. 예산이 부족한 개발 업체와 한 푼이라도 더 많이 받아야겠다는 주민들과의 합의가 난관에 부딪치기를 되풀이하다가 결국은 무산이 되어 버리고 말았다.

재개발이 무산되고 대신 녹지가 해제 되었다. 녹지가 해제 되었다고 하루아침에 새 옷을 갈아입듯 바뀌는 것은 아니니 동네가 스산하기는 마찬가지다. 그렇게 보낸 어중중한 세월 속에서도 마당의 꽃들은 때가 되면 자신이 가지고 있는 색색의 색깔들로 꽃을 지어 들고서는 보는 이에게 행복을 안겨 주었다.

오월로 들어서면서 가장 화려한 장미꽃이 피기 시작하면 마법에 걸린 우리 집의 꽃 잔치는 절정에 이른다. 현관 앞의 장미터널은 보는 사람의 탄성을 자아낸다. 한 집에 살며 매일매일 보는 이도 그러한데 가끔 보는 사람이야 오죽할까. 바라보는 얼굴에 웃음이 함박꽃으로 핀다. 이 때 만큼은 정이 가지 않던 집에도 애정이 듬뿍 간다.

눈에 확 띄는 크고 화려한 생김새로 담벼락에도 마당에도 장미꽃이니 자연스레 가장 많이 입에 오르내리는 게 장미다. 담벼락의 흐드러진 백장미는 낯모르는 행인들에게도 잠시 걸음을 멈추고 눈을 맞추고 가라고 속삭이는데 그 모양이 천박하지가 않다. 슬금슬금 다가가 한 가지 슬쩍 꺾어 가는 이도 드문드문 있다. 예전처럼 꽃이 귀할 때 같으면 한 소리 할 법도 하지만 요즘은 여기저기서 꽃들을 쉽게 볼 수 있으니 알고도 내버려둔다.

장미는 웬만큼 내버려둬도 잘 자라고 꽃도 잘 피운다. 한 해가 다르게 뻗어나가는 순에서 게으름 없는 근면한 성격을 본다. 사람들이 유령도시라며 정을 주지 못 할 때, 나 또한 마당을 제대로 돌보지 않고 팽개쳐 놓았는데 그럴 때도 장미는 게으름을 모르는 근면한 성정으로 집을 아름답게 가꾸어 왔다.

간혹 집을 찾는 사람들이 위치를 물을 때, 대문 옆 벚나무에 꽃이 활짝 피었을 때는 벚꽃 핀 집을 찾아오시라 하고 장미가 활짝 필 때는 담벼락에 백장미가 활짝 핀 집을 찾아오시라고 한다. 만약 꽃들이 없었다면 남들한테 우리 집은 뭐라고 불렸을까. 손보지 않은 까닭에 담벼락과 대문의 칠은 오래 전에 벗겨질 대로 벗겨져 남루함이 도가 넘었다.

중리 이구라는 마을 비석이 서 있는 곳에서 이 백여 미터쯤 들어오는 곳, 담벼락에 백장미가 활짝 핀 집을 찾아서 오시라. 얼마나 서정이 묻어나는 말인가. 담벼락과 대문에 페인트칠이 벗겨진 집이라 불리는 것 보다 백장미가 활짝 핀 집이라고 말 할 때의 느낌은 하늘과 땅이다. 어떻게 불리느냐는 것은 어떻게 살고 있는지를 말한다. 어떤 생각을 하고 행동을 하느냐에 따라 그에 어울리게 불리어질 것이다.

주인의 관심이 떠난 마당에서도 꽃들은 좌절하지 않았고 포기하지 않았다. 덕분에 우리 집은 장미를 비롯한 온갖 꽃들이 피는 제법 예쁜 집으로 사람들의 입에 오르내린다. 성과 열을 가지고 살아가다 보면 나도 백장미가 핀 집과 같은 아름다운 이름으로 불리어질 수 있을는지. 그 사람 참 괜찮은 사람으로 불리어지고 싶은데 쉽지가 않을 것 같다.

성당 가는 길

물질이 본질의 가치를 자꾸만 왜곡시키려고 하는 위태위태한 시대에
종교가 과연 인간을 구원할 수 있을까에 대해서는
아직도 확신이 서지 않지만

성당 가는 길

이 길을 지날 때마다 지드의 『전원교향악』을 떠올린다. 전원교향악에는 개신교 목사가 등장하고 나는 가톨릭 신자라는 게 다르지만 종교, 그것도 기독교 신앙이라는 공통점을 가지고 시골길을 간다는 점이 닮았다. 손가락 하나면 모든 것이 눈앞에 다가오는 시대에 논밭을 거느리고 있는 시골길을 따라 성당에 가는 사람이 얼마나 될까. 내가 다니는 성당은 시내버스도 다니지 않는 후미지고 외딴 곳에 있다.

차 한 대가 다닐 수 있는 길에는 차선도 없고 길 가에 있는 밭들은 늘 제철 채소들로 너울거린다. 가끔 거름냄새가 닫힌 차 안까지 들어와 코를 찡그리게도 하지만 언짢을 정도는 아니다. 예나 지금이나 종교는 종종 의문을 일으키며 생각을 헝클어놓기도 하지만 성당 가는 길은 언제나 교향곡의 웅장한 악장 뒤에 나오는 평화롭고 부드러운 라르고나 미뉴에트 같다.

사람과 차와 건물들로 복잡한 도시와는 달리 인적 드물고 집도 없는 길에 보이는 것은 밭과 나무 풀들이 대부분이다. 바람을 벗 삼은 햇빛이 한가로이 반짝이는 길을 달리다 마주 오는 차를 만나면 상대편 차가 비켜갈 수 있는 곳에서 기다리거나 후진을 해야 한다. 한적한 길에서 얻는 여유를 생각하면 감내할 수 있는 번거로움이다. 앞으로만 내달리는 바쁜 생활 속에서 잠시나마 삶을 돌아보게 하는 종교가 가진 성찰적 의미를 생각하며 성당 가는 길은 어떤 나들이보다 편안하다.

얼마쯤 가다보면 신평이라 적힌 돌비석이 세워져 있는 마을버스 정류장이 나타나고 집들이 드문드문 보인다. 그러나 한적한 마을에 이층을 올린 집도 없으니 사방으로 뻗어가는 시야를 방해받지는 않는다. 간혹 집에서 기르는 개들이 튀어나와 급정거를 하게도 하지만 대체로 한가로운 마을이다. 자가용이 없거나 자가용을 타지 않고 시내에 볼 일을 보려는 사람들은 정해진 시간에 운행하는 마을버스를 타야 한다. 텅 빈 마을버스가 운행시간을 기다리며 정류장에 홀로 정차해 있다.

파란색 하얀색, 대개가 슬레이트 지붕인 마을의 집들은 대문이 없고 저 길 앞 쪽 어디에선가는 제르트뤼드를 말아 기른 목사가 자전거를 타고 나타날 것 같다. 옛날 예배당 같은 작은 교회도 있다. 물질이 본질의 가치를 자꾸만 왜곡시키려고 하는 위태위태한 시대에 종교가 과연 인간을 구원할 수 있을까에 대해서는 아직도 확신이 서지 않지만 일요일이면 어김없이 성서와 성가집을 챙겨 성당에 간다.

신평마을을 지나면 녹슨 철조망 뭉치가 얹혀 있는 공군부대 후문 담이 이어진다. 사나운 철조망에 무슨 정이 갈까만 한적한 길에는 이마저 하나의 풍경처럼 보이니 자연이 품은 넉넉함에 기인하는 것일 게다. 그걸 증명이라도 하듯 여름이면 하얀 개망초 무리가 담허리까지 피어 꽃담을 만들어 놓는다. 근처 공항에서 뜨고 내리는 비행기는 가보지 못한 먼 곳에 대한 동경을 불러일으키고 드문드문 자전거를 탄 노인들이 길을 따라 구름처럼 지나간다. 특정 종교에 대한 편견은 갖고 있지 않지만 종교 전례라든가 지향하는 삶의 모습들, 개별 민족의 풍속과 생활을 종교적 잣대로 지워버리지 않는 점이 마음에 와 닿아 성당에 적을 둔 게 벌써 수십 년이다.

내가 다니는 성당은 시대에 걸맞지 않게 작다. 미사를 집도하는 성전과 성전에 딸린 작은 서실과 사무실, 좁은 주방과 실외 화장실이 모두인 작은 성당이다. 로만칼라의 신부님이 거처하는 사제관도 없고 신부님을 도와 미사를 준비하는 머릿수건이 정갈한 제복의 수녀님도 계시지 않는다. 등록된 신도는 수백 명이나 미사에 참례하는 사람은 백여 명 정도다. 모든 분야에서 대규모를 지향하는 시대에 이렇게 작은 규모로 이루어진 종교적 공동체도 드물 것이다.

미사가 시작되기 전, 고해성사실 벽에 붙어 있는 백합꽃봉오리만한 전구에 불이 켜지면 보속을 받기 위해 성사를 보려는 사람들이 차례를 기다린다. 신도수가 적다 보니 목소리만 듣고도 고해자가 누구인지 신부님이 알아챌 것이라며 다른 성당에 가서 고해성사를 본다는 교우들도 간혹 있다. 제일, 최고, 최대만을 외치는 사회에서는 볼 수 없는 모습이다.

오래 전, 해바라기처럼 종교적인 쪽을 바라본 적이 있다. 과연 이곳 말고 다른 세상이 존재할까. 천국과 지옥은 있기나 하며 윤회설은 또 맞는 것일까. 맞는다면 나는 전생에 무엇이었고 내생에는 무엇으로 환생할까. 수고하고 무거운 짐 진 자들아 다 내게로 오라 내가 너희를 쉬게 하리라.

종교는 아주 오래전부터 고통 받는 이들을 향하여 쉼 없이 구원의 손을 내밀고 있다. 대부분의 종교가 가지고 있는 경전들은 신앙생활을 하면 물심양면에서 겪는 고통과 생로병사의 유한성에서 자유로울 수 있다고 설파하고 있다. 그러한 절대성을 믿으며 자신의 목숨까지 바친 순교자들도 적지 않다. 고대의 샤머니즘을 비롯해 인류사에서 종교가 관계하지 않은 시대는 없다.

그럼에도 세상에는 왜 가난이나 질병, 장애 등으로 힘겹게 사는 사람들이 없어지지 않으며 살인과 같은 범죄가 끊이질 않는가. 종교를 가지면 궁극에는 번민에서 벗어날 수 있을까. 나를 보면 신앙생활을 한다면서도 희로애락에 파도를 타는 것은 신앙을 가지지 않은 사람과 다르지 않다. 예나 지금이나 종교에 대한 이해는 인간의 원초적 불안에서 발생한 것이라는 것 이상을 넘어서지 못하고 있다. 그럼에도 주일이면 거르지 않고 가벼운 마음으로 성당에 가는 것은 무엇 때문일까.

성당 가는 길 가에 있는 밭들은 철마다 그에 맞는 농작물을 키우다가 겨울엔 문 닫은 주막처럼 적막하게 세월을 보낸다. 그러다 봄이 오면 배추, 대파, 고추, 호박, 도라지, 산딸기 들을 골고루 키워내고 가을엔 보란 듯이 열매를 익혀 놓고 덤덤하다. 전원교향악의 주인공은 개신교 목사지만 그의 아들 자크는 개종하여 가톨릭교회의 성직자가 된다. 이렇듯 전원교향악에는 인간의 구원을 내세우는 대표적인 두 종교가 등장하지만 소설은 제르트뤼드의 죽음으로 끝이 난다.

얼음으로 덮힌 극지방 같은 냉철함으로 종교를 파고 든 적도, 붉은 동백꽃처럼 열정적인 믿음을 가져본 적도 없는 나는 일주일에 한 번 성찰의 시간을 가진다는데 신앙의 의미를 둔다. 그러나 적지 않은 세월이 흐른 훗날에는 어떤 의미로 다가올지 가늠할 수가 없다.

적막한 풍경들이 일요일이라 더 여유롭다. 누군가 종교가 뭐냐고 묻는다면 딱 부러지게 대답할 수는 없지만 행인 드문 이 정겨운 길을 따라 성당에 갈 때마다 소소하게 행복하다.

그림자

내일은 비가 올 것이라 한다. 기분이 별루다. 비가 오면 행동을 마음대로 할 수 없고 기분도 처지기 때문에 싫다. 현관에서 대문 밖 차가 있는 곳, 그 짧은 거리도 우산을 쓰고 가야 할 지 말아야 할 지 결정을 못 내려 한동안 우물거린다. 쓰고 가면 젖은 우산을 챙기는 게 귀찮고 그냥 가면 애써 다듬어 세운 머리가 폭삭 주저앉아 그 또한 고민이다. 그러나 싫어한다고 하늘이 준비한 비를 없던 것으로 하겠다며 거두지는 않을 것이니 도리 없이 비의 스케줄에 맞출 수밖에 없다.

비가 내리면 어디든 따라다니던 그림자도 보이지 않는다. 해의 방향에 따라 모양을 바꾸지만 절대 해를 향해 대적하지 않고 반대편에서 졸졸 따라다니는 그림자, 비 내리는 날 그림자는 어디에 있을까. 비를 핑계로 잠적한 것일까 아니면 비를 피해 잠시 떠나 있는 것일까.

그림자처럼 붙어 다니던 사람이 있었다. 모임도 함께 하고 쇼핑도 함께 다니고 분위기 좋은 곳을 찾아 나들이도 함께 다니던 사람이 있었다. 함께 하면 즐겁고 안 보면 보고 싶고 만나고 헤어질 땐 또 다시 만날 기약을 하며 마냥 서로 좋았던 사람이 있었다. 오랜 시간을 그림자처럼 함께 붙어 있었기에 그와의 관계가 늘 맑은 날인 줄만 알았다. 그러나 예보에 없던 비가 갑작스레 내리듯 그와의 사이에 비가 내렸다. 비가 오면 사라지는 그림자처럼 그 또한 자취를 감춰버렸다.

그림자는 언제 어디서 보아도 표정이 없다. 너무도 확실한 그 사실을 이번에 알았다. 함께 웃으면 함께 즐거운 줄 알았고 내가 재미있으면 그도 재미있어 하는 줄 알았다. 그림자의 표정에 대해 진지하게 생각해 본 적이 있었던가. 늘 함께 다녀 표정이 있는지 없는지 조차 생각해보지 않았다. 함께 있으면서도 마음은 다른 세계를 거닐고 있었는지 모를 일이다. 내가 웃으면 웃고 내가 춤추면 같이 춤추고 내가 달리면 함께 달리는 그림자. 그러나 함께 있다고 생각과 감정이 같지만은 않았을 것이니 때론 저 따로 나 따로 있고 싶었는지도 모른다. 비 오는 날, 그림자는 어디에서 무엇을 하고 있을까.

십삼 년이란 세월을 시간으로 바꾸면 몇 시간이나 될까. 그 동안 먹은 밥그릇을 쌓아볼 수 있다면 긴 세월 하루같이 모여 살고 있는 마이산 중턱의 돌탑 하나 높이는 족히 되고도 남지 싶다.

그가 지금까지 나를 잘못 알고 살았다 했다. 함께 한 세월이 햇수로 십삼 년째인데 그 세월을 순간에 나오는 한 마디로 축약할 수 있을까. 서운한 나머지 눈물이 흘렀지만 그럴 수 있겠다는 생각도 들었다. 수십 년을 한 이불 덮고 사는 부부간의 마음도 밤바다 밑바닥처럼 알 수 없는데 저대로 나대로 살다 맺어진 인연의 한 갈래를 십수 년의 세월로 가늠한다는 것이 오히려 옳지 못한 표현일 게다.

하지만 눈앞에 벌어진 상황을 객관적으로 바라보고 성찰하기보다는 '잘못 알고 살았다.' 는 그 한 마디 말만 손톱아래 박힌 가시처럼 마음밭에 품고 몇 날을 우울하게 보내고 있다. 지천명을 넘어서고도 이러니 사람에게 사람이 얼마나 중요한 존재인지 또 한 번 실감한다.

그림자는 항상 우리를 따라 다닌다. 그러나 따라 다니는 게 아니라 어쩔 수 없이 함께 다니는 것인지도 모른다. 피할 수 없는 자신의 운명을 안고 가는 인생처럼, 가기 싫어도 가야하고 춤추기 싫어도 춰야하고 달리기 싫을 때도 어쩔 수 없이 함께 달리는 것인지 모른다. 물리적 공간에 함께 있다고 마음이 같지만은 않을 것인데 오랫동안 한 공간에 있다 보면 무의식적으로 생각도 같을 것이라

단정지어버리는 것은 아닌지 모른다.

자신의 얼굴을 스스로 볼 수 없듯 그와 너무 가까이 있어 전체를 보지 못했는지 모르겠다. 비가 내려 그림자가 사라져 버렸을 때 그림자의 부재를 인식할 수 있듯 서로 거리를 두고 보면 전체적인 모습을 볼 수 있게 될 것이다. 부분적이고 단편적인 이해는 위태하여 언제 무너질지 모른다. 부재는 실재를 바라볼 수 있는 또 다른 각도다.

싫든 좋든 많은 시간 붙어 다니는 그림자처럼 오랜 시간 함께 하는 동안 알게 모르게 그를 서운하게 하였는지 모르겠다. 하여 별일 아닌 걸로 꼬여 버린 이때를 핑계 삼아 떠나 있고 싶은 것인지 알 수 없다. 중동아시아 문제가 어떻고 남북한의 꼬이고 꼬인 관계가 어떻게 되고 값 싼 수입산 농산물을 국산으로 둔갑시켜 유통시키는 자들이 잡혔다는 등과 같은 세상 소식에는 관심을 가지면서도 함께 있어 둔감해져버린 이의 소중함엔 무감각했던 것은 아닐까. 정물이나 배경처럼 대했던 것은 아닌지 이참에 돌아보는 계기로 삼아야겠다.

비가 그치고 햇빛이 온 세상을 맑게 쓰다듬으면 그림자는 다시 곁으로 돌아온다. 더불어 싫든 좋든 함께 다니게 될 것이다. 내가 걸으면 걷고 달리면 함께 달리고 춤을 추면 덩달아 춤도 추게 될 것이다.

그와는 공유하는 것이 많다. 내가 아는 이를 그도 알고 그가 아는 이를 공분모처럼 나도 안다. 취미가 상당 부분 같고 좋아하는 장소도 비슷하고 지향하는 삶의 스타일 또한 유사하기에 늘 교집합을 이루고 있다. 원하든 원하지 않든 어떤 모양으로든 다시 만나게 될 것이다.

나이 들수록 세월이 약이라는 말에 공감한다. 세월은 맛없는 과실을 철들게 하여 단맛을 품게 하고 검은 머리칼을 희게 물들이는 것만 하는 게 아니다. 사람 사이의 풀 수 없는 인연도 잘 익어 벌어진 석류마냥 절로 풀어 놓을 때도 많다. 이도 저도 안 될 때, 사람이 세월에 빚지는 경우가 적지 않다. 세월에 기댈 때가 가장 편안할 때도 있다. 2013년 7월 2일을 즈음한 지금이 그 때다.

가면

입고 있는 옷이 거의 헝겊수준임에도 그녀는 아무렇지도 않은 모양이다. 사람들의 눈이 그녀 쪽으로 향하고 있음을 직감할 수 있었다. 훅, 더운 기운 한 줄기가 사람들을 휩쓸고 지나간다. 그것은 날씨와는 상관없는 더운 기운이다. 큰 키에 늘씬한 몸, 검은 선글라스와 커다란 귀걸이를 하고 있는 그녀는 한 눈에 봐도 글래머다. 그래서 그녀의 노출은 더 부각된다. 그녀는 남편인지 애인인지 알 수 없는 뉘앙스를 풍기는 남자와 동행하고 있었다. 30도를 넘는 날씨는 정말 덥다. 곧 출발해야한다며 가이드가 우리 일행을 체크할 때 그녀도 우리와 함께 여행을 하게 될 일행인 것을 알았다.

비행기가 간사이공항에 착륙했을 때 우리를 태울 관광버스가 아직 도착하지 않아 대합실에서 기다려야 했다. 얼마 후, 가이드가

버스가 도착할 것이라며 우리 일행을 호명했다. 그새 그녀의 옷이 바뀌어 있다. 그 짧은 시간에 옷이 바뀐 것을 보면 아마도 대합실 화장실에서 옷을 바꿔 입은 것이 틀림없다. 새로 바꿔 입은 옷은 노출이 더 심하다. 한 쪽 어깨에 끈이 달려 있는 그 옷은 통바지 같은 것으로 길이가 겨우 하체를 아슬아슬하게 가릴 정도다. 까무잡잡하게 태운 허벅지에 눈들은 민망하여 시선 둘 곳을 모른다. 또 한 번 이상한 기운이 우리를 맴돌았다.

버스는 곧 바로 오지 않았다. 그녀는 동행한 남자와 끊임없이 떠들고 있다. 그녀도 그녀지만 그녀의 동행인 남자가 더 이해가 되지 않았다. 대개의 남자들은 자신과 함께 있는 여자가 노출된 옷을 입는 것에 대해 호의적이지 않다. 그런데 그녀와 동행인 남자는 여자의 의상에 대해 전혀 동요하거나 의식하지 않는 분위기다.

오사카와 교토, 고베를 둘러보는 이번 여행은 도요토미 히데요시가 축조한 성이 있는 일본의 문화와 역사를 중심으로 관광하는 것이다. 도요토미 히데요시의 사악한 기운이 어느 한 곳에 남아 있을 유적지와 문화를 둘러보는 것도 흥미롭지만 그녀에 대한 궁금증도 마치 여행상품의 옵션처럼 적지 않았다. 무엇하는 여자일까. 남자와는 어떤 사이일까. 유흥업소에 다니는 여자 같지는 않은데, 신분이 도대체 뭘까.

첫날은 모두가 서먹서먹하여 자신들 일행과만 이야기했다. 둘째 날, 그녀는 또 다른 옷으로 갈아입고 나왔다. 가슴을 아슬아슬하게 가리고 허벅지 아래가 다 드러나는 옷이다. 덩치는 다 자란 어른이지만 아직 어린 아들들 보기가 무안해서 저 사람은 옷 살 돈이 없어 헝겊으로 중요 부위만 가리고 다니는가 보다 했다. 아이들도 장단 맞춰 그런가보다 하며 웃는다.

둘째 날은 그런대로 낯이 좀 익어 서로 인사도 나누고 슬몃슬몃 상대방의 말 속으로 가벼운 이야기를 밀어 넣거니 받거니 한다. 말을 터는 데도 그녀는 자신의 의상만큼 튀었다. 그녀는 아무하고나 말을 잘 했다. 일행 가운데는 중년 남자 다섯 명 한 팀이 있었는데 그 남자 모두를 오빠라고 부른다. 여자들한테는 특별히 호칭을 붙이지는 않았지만 상냥하다. 눈웃음을 생글생글 웃으며 애교를 띠는 모습이 참 싱그러워 보인다. 활력도 팡팡 넘쳐나는 것 같다. 시간이 지나면서 외설스럽고 교양 없어 보이던 것과는 달리 나름대로 친밀감이 일고 묘한 매력이 느껴지기 시작했다.

둘째 날의 마지막 코스는 스파체험이었다. 온천을 마치고 저녁 식사를 하기 위해 잠시 모였을 때, 그녀가 옆 자리로 다가와 앉는다. 묻지도 않았는데 동행인 남자와의 관계를 이야기한다. 남자는 개인병원을 하는 개업의이고 자신은 그 남자의 여섯 명의 여자 가운데 한 명이란다. 그렇게 말할 때도 생글생글 미소를 띤다. 자신도 남자를 좋아하고 남자도 그녀를 좋아하지만 서로 간에 결혼은 할 생각이 없단다.

세월은 흐르면서 많은 것들을 감싸 안고 가버린다. 날카로운 칼로 심장을 도려내는 듯한 고통도, 영원히 마르지 않는 풋풋한 우물로 남아 있을 것 같은 사랑도 감싸 안고 가버린다. 삶의 양식과 가치기준도 슬며시 쓸어안고 가버린다. 나는 그녀의 말에 속으로 적잖이 놀랐다.

얼마 전까지만 해도 결혼하지 않은 처녀가 남자와 단둘이 드러내놓고 여행하는 것은 손가락질 받는 일이었다. 미혼인 여자가 그것도 결혼도 하지 않을 남자와 여행을 왔다고 제 입으로 말하는 것은 상상도 할 수 없는 일이지 않았던가. 혼전에 순결을 잃으면 큰 죄나 짓는 것처럼 생각하던 시대에 미혼시절을 보낸 나는 달리 뭐라 답해야 할지 몰라 요즘 젊은 사람들의 가치기준과 사고방식은 굉장히 대담하고 자유롭다는 말로 대답을 했다.

어쩌면 솔직하고 쿨한 요즘 젊은이들의 사고방식이 여자와 남자를 유난히 강조하여 얽어매던 우리 세대 보다 나을지도 모른다는 생각도 든다. 그녀의 이야기를 액면 그대로 믿을 수는 없지만 어쩌면 자신의 얼굴 위에 침이 되어 떨어질지도 모르는 이야기를 거리낌 없이 하는 데는 어떤 연민 같은 것이 느껴지기도 한다.

여름은 많은 것들이 있는 그대로 자신을 드러내는 계절이다. 나무들은 봄에 꽃 피운 것으로도 모자라 몸속에 쌓아 두었던 잎들을 죄다 드러내놓고 자신의 이야기를 솔직하게 들려준다. 가리는 것은 이성을 가진 사람만이 하는 행위다. 자신의 험이나 부끄러움, 잘못을 있는 그대로 드러내놓을 수 있는 사람이 얼마나 될까. 잘못도 가능하면 인정하기 싫고 부끄러운 짓을 하고도 되도록이면 숨기고 싶은 마음이 먼저 드는 게 사람이다. 겉모습은 지성인이지만 뒤돌아서서 호박씨 까는 사람들도 얼마나 많은가.

그 옛날의 여름에는 세상이 자신을 솔직하게 드러내는 것처럼 집집마다 문을 활짝 열어 놓고 더위를 견뎠다. 거리를 지나다보면 열린 문을 통해 러닝셔츠바람으로 부채를 부치고 있는 이웃의 모습도 보이고 골목으로 흘러나오는 된장찌개 냄새에 시장기를 돋우기도 했다. 지금은 냉난방시설의 발달로 대부분의 건물과 집들은 여름이나 겨울이나 문을 안으로 닫아걸기에 바쁘다. 다양한 지식을 섭렵한 사람들도 높아진 자존심과 자존감으로 자신을 함부로 노출시키지 않으려 한다. 숨길 줄 알고 절제 할 줄 알기에 사람이다.

세련되게 숨길 줄 알고 절제할 줄 아는 현대인들은 도덕이나 예의 신분 명예 등, 그때그때 알맞게 쓸 수 있는 자신만의 가면을 가지고 있다. 그래서 현대사회는 거대한 가면무도회장 같다. 가면을 쓰고 있는 한 진짜 얼굴은 볼 수 없다.

그녀는 날마다 헝겊 쪼가리 같은 것으로 풍만하고 늘씬하고 미끈한 몸을 아슬아슬하게 가리고 나왔는데 마지막 날엔 모두가 그녀의 의상에 익숙해져 더 이상 묘하게 느끼지 않았다. 공항으로 가는 버스에서 그녀는 친근해진 모든 사람들과 이야기하며 분위기를 주도했다.

그때 그녀의 휴대폰 벨이 울리고 그녀가 전화를 받았는데 통화하는 내용을 들으니 그녀의 엄마인 모양이다. 네, 엄마. 이제 공항으로 가는 길이에요 엄마. 걱정하지 마세요 엄마. 공항에 도착해서 전화할게요 엄마. 네~~~ 엄마. 그녀는 엄마와 통화를 하는 내내 말끝마다 '엄마'를 붙여서 말한다. 상냥하고 예쁜 딸임에 분명하다. 엄마에게 하는 말투로 보아 그녀의 말이 모두 거짓은 아닐 것이라는 생각이 든다.

짧은 기간 함께 하면서 본 그녀의 모습은 도덕과 사회적 통념의 기준으로 보면 분명 짚고 넘어가야 할 부분이 있다. 그러나 여름을 닮은 그녀의 가식 없는 언어와 행동에서 사람을 대할 때의 진솔함은 적지 않은 험마저도 아름답게 승화시키는 힘을 가지고 있다는 것을 느꼈다. 에덴동산의 아담과 이브는 아무 것도 걸치지 않았을 때 낙원에서 살았다. 지금이라도 가면을 벗어버린다면 우리는 낙원으로 회귀할 수 있을까.

양지

그가 세상을 떠났다고 한다. 볕뉘 따듯한 양지 한 곳이 사라진 듯하다.

이월도 어느 듯 하순으로 접어들고 있다. 지금쯤 행선지를 알리지 않고 떠났던 꽃들은 다시 세상으로 돌아올 채비를 하느라 분주하겠지. 꽃이 피어도 그는 이제 더 이상 세상의 꽃들에게 안부를 물을 수 없게 되었다. 그가 없어도 꽃들은 자신의 자리를 찾아 돌아올 것이고 시간의 테두리를 벗어날 수 없는 사람들은 아름다운 순간을 잡아두기 위해 그가 했던 것처럼 사진을 찍을 것이다. 동적 시간의 순간을 잡아 정적으로 환원시키는 마술을 가진 사진기.

그는 사진기와 함께 할 때 가장 그다워 보였다. 대개의 사람들은 기쁜 일이나 아름다운 장소, 기념할 만한 순간을 사진으로 남기고 싶어 한다. 그것도 최대한 멋지게 포즈를 취한 모습을 남기고 싶어 한다. 뿐인가. 사진을 현상한 후 밉게 나오거나 마음에 들지 않는 것은 찢어 없애버리기도 한다.

얼마 전, 북경여행에서 찍은 사진을 보는데 마음에 들지 않는 사진이 있었다. 가차 없이 찢어 버렸다. 요즘엔 또 전자 사진을 찍다 보니 마음에 들지 않으면 바로 삭제 시켜버린다. 그러니 일반 사람들이 찍는 사진들도 수준급이다. 거기다 포토샵까지 거치면 예쁘고 작품 같지 않은 사진이 없다. 실제야 어떻든 사진은 멋지게 나와야 하는 것이다.

하지만 그는 하고많은 세상의 아름다운 풍경과 사물보다는 사람을 가장 중요하게 여겼고 가장 많이 찍었다. 사람 가운데서도 언제나 힘없고 가난하고 소외된 사람들에게 사진기의 눈을 고정시켰다. 다리가 한 쪽 없는 신문 배달원, 거리 한 구석에 쪼그려 앉아 밥을 먹는 아이, 가슴을 훤히 드러내 놓고 아기에게 젖을 물리고 있는 엄마, 길가에서 피곤한 육신을 누이고 쪽잠이 든 사람들, 머리에 수건을 두르고 한 그릇의 밥을 먹고 있는 좌판 앞의 아낙들. 천연 소재로 구성된 그의 사진은 어떤 인위적인 미학도 첨가되지 않은 자연스러움에서 스미어 나오는 오롯한 인간미를 보여 주고 있다.

그러한 사진은 애써 잊고 있던 물음을 보는 이에게 던진다. 공존과 공생에 대해서 묻고 동행과 행복에 대해서 묻고 나눔과 사람 사이의 정에 대해 끊임없이 물어 온다. 그 물음은 인종과 국경을 초월해서도 알아볼 수 있는 메타언어로, 사진과 언어는 물론 어떠한 경계도 넘어서 다가온다. 그래서 그의 사진을 보면 마음이 편치가 않다. 보는 눈이 없다고 버리지 말아야 할 곳에 몰래 쓰레기를 버리다 들켜버린 것처럼 마음이 민망하고 불편하다.

오늘날 가난이라는 단어는 퇴색한 흑백 사진 같은 뉘앙스를 가지고 있는 듯하여 사회적 이슈가 되거나 최우선으로 해결해야 할 과업으로 생각되는 경우가 별 없다. 그걸 입증하듯 어느 곳에서 어떤 사람을 만나도 모두 세련되고 교양 있어 보인다. 얼굴도 다들 예쁘고 표정도 밝다. 매스컴에서도 온통 화려하고 보기 좋은 것들 일색으로 편집한 방송을 보여주고 있다. 그러나 고목들 아래를 보면 햇빛 한 줄기 주워 먹지 못해 누렇게 뜬 잡초들이 있듯, 시선을 조금만 돌리면 많은 사람들이 물심양면 그 어느 한 부분이 부족하여 소외와 고통으로 점철된 삶 속에 놓여 있는 것을 알 수 있다. 애써 외면하거나 잊고 있을 뿐이다. 그래서 그들은 그들이 처한 일차적 고통 위에 더해진 소외의 고통까지 맞부딪치며 살아가고 있다.

그는 자칫 말로 하면 아픔과 처절함으로만 느껴질지도 모를 그 실제를 사진기라는 여과기로 걸러 많은 사람에게 알리고 있다. 인위적 무관심을 파헤치며 화장 뒤에 감추어져 있는 맨얼굴 같은 윤리적 양심에 대해 묻고 있는 것이다. 그 물음에 자유로울 수 있는 인격이 얼마나 될까만 그가 있어서 세상이 따스했던 것은 사실이다. 그의 사진을 보면서 우리는 적어도 비양심의 나락으로 추락하는 것은 면할 수 있었다. 시선이 비껴간 곳의 어둠을 메타언어로 밝히며 시들지 않는 희망의 빛을 만들었던 그. 그래서 그가 세상을 떠났다는 소식은 세상의 양지 한 곳이 줄어든 것 같은 느낌을 들게 한다.

많은 사람을 위한 사회적 욕구를 충족하는 순간이야말로 지혜의 최후라 여기며 '멈추어라 순간이여, 너는 참으로 아름답다.' 라고 외치는 『파우스트』의 주인공처럼 아름다운 순간을 영원히 멈추게 하는 마술을 가진 사진기. 그 사진기로 많은 사람들이 아름다움을 찍고 있을 때 똑같은 사진기로 현대인들의 그늘진 영혼 곁에 따듯한 양지 한 곳을 만들어 주던 그.

이제 사진은 종이 보다 전자세계에서 더 활발하게 살아서 움직인다. 그가 즐겨 찍던 사진의 천연 소재들이 종이로 공간 이동을 하기란 쉽지 않을 것 같은 지금, 그의 사진은 지금도 종이 위에서 보는 이를 향해 공존과 공생, 동행과 행복, 나눔과 정에 대해서 끊임없이 묻고 있다.

먼 길

부처를 만나면 부처를 죽이고 조사를 만나면 조사를 죽여라. 불가에서 얻어 들은 말이다. 편견에 갇혀서는 아무 것도 볼 수 없고 들을 수 없다는 것을 뜻하는 것으로 안다. 어떻게 하면 세파에 밀려오는 오만가지 잡념에서 초연할 수 있는가. 하루에도 몇 몇 번씩 감정의 크고 작은 도랑을 건너가며 마음이 젖는다. 성현들의 책을 읽고 기도하는 곳에 가서 기도를 드리면서도 감정을 다스리기란 쉽지가 않다.

가을이다.
나누어라, 단풍이 든다.
누구 좋으라고?

나누어라, 낙엽이 진다.

죽 쑤어 개주라고?

나누어라, 나무들이 한 벌뿐인 옷을 벗어 맨살의 대지를 덮어준다.

그래 나누긴 나누어야하는데…

기특하게도 나는 큰 스승인 자연이 가르치는 내용을 잘 알아듣는다. 단 하나의 언어도 사용하지 않고 오직 자신의 삶으로 가르침을 주는 자연의 암시나 상징, 메시지를 잘 이해할 줄 안다. 더구나 나는 알아듣고 이해한 만큼 삶에서 실천하려고 노력도 할 줄 안다. 스스로 생각해도 대견하다.

그러나 세상에서 가장 멀고 가기 힘든 길이 머리에서 가슴까지라고 했던가. 나야말로 머리에서 가슴까지 가는 길을 좀처럼 찾지 못하는 사람이다. 기특하게도 이해는 하였으나 이해한 내용을 가슴까지 내려 보내지를 못하는 것이다. 손과 발까지 닿기에는 더더욱 요원하다. 얼마나 많은 세월이 흘러야 도달할지는 가늠조차 할 수 없다. 실천이 따르지 않는 각성은 산정에 울려 퍼지는 메아리보다 무의미한 것이니 결과적으로 시끄러운 빈 수레다.

오래전, 봉사를 하면서 살고 싶다는 생각을 했었다. 그러나 아이들이 너무 어려 나의 손길을 쉴 새 없이 필요로 했고 경제적으로도 힘든 생활이라 훗날로 미루었다. 세월은 흐르고 아이들은 잔 손길

가지 않아도 될 만큼 자랐다. 가정경제도 어느 정도 안정이 되었다. 그런데 오래전 가졌던 그 소망은 아직 소망으로 남아 있을 뿐이다.

아이들이 크면 시간적 여유가 생길 줄 알았는데 하루 일과를 마치면 몸이 피곤한 게 예전 같지가 않다. 여유가 생긴 만큼 체력이 줄어버린 것이다. 하는 것 없이 시간은 왜 또 그리 빨리 가는지, 체력이 조금만 회복이 되면 그 땐 꼭 시작해야지 했다. 그렇게 미루고 미룬 것이 또 십 수 년, 두 아들들도 군복무를 하다 보니 이제 집에는 남편과 두 식구밖에 없는 데도 실천을 못하고 있다.

운동하러 다니는 근처 헬스장에는 특수학교의 아이들이 단체 운동을 하러온다. 팔을 제대로 사용하지 못하는 아이, 걸음을 제대로 걷지 못하는 아이, 알 수 없는 고함을 질러대는 아이 등등. 지적장애와 지체장애가 있는 아이들 수십 명을 두세 명의 선생님이 데리고 와서 운동을 시킨다.

아이들이 운동을 하는 동안 선생님들은 돌아다니면서 이 아이 저 아이에게 해야 할 행동과 하지 말아야 할 행동들을 설명하면서 타이른다. 비장애아인 아이 둘 키우는 것도 나는 힘에 부쳐했다. 특수학교 아이들을 통솔하는 그 일은 결코 쉬워 보이지 않았다. 봉사정신을 가져야하는 것은 물론이겠지만 심신이 건강하지 않고서도 해낼 수 없을 것 같았다.

특수학교 선생님들을 바라보면서 내 일만 해도 저녁이면 몸이 천근만근인데 내 체력에 과연 봉사를 할 수 있을까하는 생각이 들었다. 조금 남은 체력마저 바닥이 나서 건강이 나빠지지 않을까하는 우려감이 들어 또 미루어 버리고 만다. 게다가 매스컴을 통해서 들려오는 봉사 단체들의 좋지 않은 소식들은 봉사자체에 대한 부정적인 편견까지 가지게 만들어 버렸다.

하루 종일 땅을 파 봐 십 원짜리 동전 하나 나오나. 곰은 재주가 부리고 돈은 사람이 챙긴다더니, 누구 좋으라고 고생고생하면서 모은 돈을 내놓을 것이며 노동을 제공할 것인가. 얼마나 힘들게 일해서 모은 돈인가. 남들 쉴 때 일하고, 남들 놀 때도 일하고, 남들 잘 먹을 때는 먹을 것도 제대로 못 먹었는데, 누구 얼굴만 나고 배부르라고 기부를 한단 말인가.

내가 제공하는 노동과 성금이 정말 필요한 곳에 정확하게 가 닿지 않을 것이라는 불신감이 자꾸만 확고부동해져 간다. 한 번 낀 색안경이 좀처럼 벗겨지지 않는 것이다. 그러나 봉사를 하고 있는 많은 사람들의 말을 들어보면 봉사는 남을 위한 것이 아니라 궁극적으로 자신을 위한 것이라고들 한다.

산을 오르는 사람들은 올라왔던 길을 다시 내려가야 한다는 것을 알고 오른다. 어떤 사람들은 산을 오르는 사람들을 향해 다시 내려올 산을 뭣 하러 오르느냐고 한다. 생각의 차이야 있겠지만 다시 내려가야 하는 것을 알고 산을 오르는 사람은 자신의 가치 기준이 절대 가치가 아니라는 것을 잘 알고 있다.

세상의 부조리와 비리는 어느 시대와 장소에서도 있었을 것이다. 그러나 봉사하는 사람들은 되풀이 되는 부정적인 상황을 직시하면서도 자신들의 갈 길을 묵묵히 가고 있다. 그들이 있어 우리 사는 세상에는 희망의 불씨가 꺼지지 않는 것이리라. 결국 이유야 어떻든 나는 자신이 만든 편견의 테두리 안에 갇혀 전체를 보려고 하지 않는다. 그래서 오래 전에 마음먹었던 작은 바람을 아직도 바람으로만 가지고 있다.

부처를 만나면 부처를 죽이고 조사를 만나면 조사를 죽여야 부처의 경지에 이른다고 하였다. 그런데 나는 부처와 조사는 감히 꿈도 안 꾸지만, 잡다한 세사의 가치 기준조차 죽이지 아니, 넘지도 못하고 살아가고 있다. 아직도 가슴으로 가는 길은 아득히 멀기만 하고 손발에 이르는 길은 꿈만 꾸며 산다. 머리로는 이해하면서 실천을 하지 못하는 기형적 사고를 하며 살고 있는 것이다.

가을을 지나 겨울은 속으로 영그는 시간이다. 다시 한 번 깊은 사유를 해야 할 순간이다. 나는 미혹해 끊임없이 사유하면서 살아갈 것이다. 그 결과 긍정적인 눈으로 전체를 볼 수 있는 시야가 열리는 날이 오기를 기다린다.

봄을 기다리듯

얼굴도 예쁘고 인상도 좋은 선생님께선 33년생으로 팔십이라고 하셨다. 33년은 나에게 익숙한 말이다. 엄마가 33년생이기 때문이다. 선생님은 팔십의 나이에도 자세가 곧으시고 특별히 크게 아프신 데도 없으시다. 모임에도 거의 빠짐없이 나오시고 정정하신 모습은 팔순이란 연세도 무색하게 한다. 그러나 엄마는 오래 전, 83년 초봄에 세상을 떠나셨다.

같은 해에 태어나서 누구는 삼십 년 먼저 세상을 뜨고 누구는 저리 정정하게 살아계실까를 생각하면 알 수 없는 게 사람의 생명이다. 알 수 없고 이해되지 않는 게 한두 가지인가. 누구는 부자로 살고 누구는 찢어지게 가난하게 살며 또 누구는 건강하게 살고 누구는 평생 병을 달고 살기도 한다. 그렇게 결정되어지는 원천은 무엇일까. 무엇이 작용하여 같은 세상에 생명을 얻어 태어나면서도 그렇게 다르게 살다 가는 것일까.

아들의 친한 친구의 엄마가 얼마 전 폐암으로 세상을 떠났다. 그 아이는 아직 고등학생인데 졸지에 엄마를 잃은 그 아이와 아이의 동생, 그리고 그 애 아빠가 참으로 안되었다는 생각 때문에 한동안 마음이 안 좋았다. 아직 어린 아이들이 아빠와 돌아가며 밥을 짓고 빨래며 집안일을 하며 엄마의 빈자리를 견딜 것을 생각하니 또래 아들을 둔 엄마로 마음이 아프다.

그렇다고 그 아이를 위해 해 줄 수 있는 것도 없다. 고작해야 놀러 올 때 밥 한 끼 정도 챙겨 먹이는 것 뿐, 김장을 하면서 좀 챙기려고 하니 아들이 오히려 친구의 마음을 다치게 할 수도 있으니 그만두라고 한다. 다행히 그 아이는 스스로 교복도 빨아 입고 집안일도 하며 잘 지낸다고 한다. 하긴 잘 지내지 않으면 어떻게 할 것인가. 가끔 볼 때마다 그 아이의 차림새며 얼굴이 밝은 게 그나마 다행이다.

날이 참 좋다. 매화마을의 매화도 웬만큼 피었다는 소식도 들려오고 곧 이어 벚꽃도 천지를 하얗게 밝힐 것이라 한다. 이리저리, 눈길 주는 곳마다 아름답지 않은 곳이 없다. 그러나 세상의 한 꺼풀만 벗겨보면 인정하지 않으려 해도 인정하지 않을 수 없는 가슴 저리는 삶의 모습들이 곳곳에 산재해 있음을 안다.

부모 없는 아이들, 난방도 되지 않는 방에서 한 겨울을 나는 사람들, 온몸을 움직이지 못해 하루 종일 골방에 누워 지내는 사람, 자신과 같은 나라에서 똑같은 언어를 사용하고 같은 피부색을 가진 사람에게 무서운 폭력을 당하고 사는 사람 등, 가슴 아픈 사연들이 너무 많아 때론 일부러 귀를 닫는다.

세상이 존재하는 한 절대 사라지지 않을 이 불균형이 의미하는 것은 무엇일까. 가슴 아픈 삶의 모습을 보고 마음이 편치 않을 사람은 없을 것이다. 그럼에도 가진 자는 한없이 많은 부를 가지고 그것을 축적하여 대물림하는 반면 고통에 허덕이는 사람은 좀처럼 고통에서 헤어나지 못한다.

쉽게 생각하면 많이 가진 자가 없는 자와 똑같이 나누어 똑같은 위치에서 다시 시작하면 모두가 행복한 파라다이스가 될 것 같다. 그러나 그런 생각에서 무지갯빛으로 출발한 공산주의는 몰락한지 오래다. 공산주의 사회에서 가난한 사람이 오히려 더 많아진 것을 보면 이건 나눔의 문제만이 아닌 모양이다. 나눔이 한 방법이 될 수는 있겠지만 근본적인 해결책은 아니라는 것이 증명된 셈이다.

일찍이 석가는 그러한 모순의 고통에서 해탈하고자 보리수나무 아래서 고행을 했고 예수는 자신의 몸을 십자가에 못 박았다. 적지 않은 사람들이 선을 지향하는 신앙생활을 하고 있다. 어떻게 하면 함께 잘 살고 함께 행복할 수 있을지 학자들은 끊임없이 연구하고 있다. 오락적 기능과 더불어 교훈적 기능을 지닌 예술작품을 창작하는 작가들도 감동적인 작품을 청량제처럼 세상에 내놓는다. 그러나 세상의 현실에는 변함이 없다. 다시 한 번 정색을 하고 돌아보아도 변함이 없다.

추운 바람이 망나니처럼 세상을 활보하고 돌아다니던 겨울 동안 봄이 오기를 참 많이도 기다렸다. 봄이 온다는 사실을 환히 알고 있으면서도 기온이 영하로 떨어져 내의를 입어도 추위가 가시지 않을 때는 다시는 봄이라는 것이 오지 않을 것만 같았다. 그래서 봄을 기다리는 마음은 더 애절하기만 했다.

다시는 찾아올 것 같지 않던 따듯한 공기를 품은 봄이 꽃등을 하나 둘 밝히면서 세상에 오고 있다. 매화는 피어 하얀 마음을 내 보이고 벚꽃봉오리는 물이 오를 대로 올라 보기에 안쓰러울 정도다. 목련도 오늘내일 하고 있다. 거무데데하던 지표면에도 푸른빛이 번지고 도로에는 아지랑이 비슷한 것이 스멀거리고 있다. 그러나 봄은 이내 우리 곁에서 멀어져갈 것이다. 그럼에도 봄을 기다리고 봄이 오니 마음이 환해진다.

근본적인 해결은 할 수 없을지언정 손 놓고 바라만 보고 있어서는 안 된다는 것을 되풀이 되는 봄이 말하고 있다. 끝내 해소되지 않을 문제지만 함께 고민하고 함께 보듬으려는 노력이 있는 한 존재의 불행이 줄어든다는 것은 잘 아는 사실이다.

세상에 산재해 있는 고통들을 싹 쓸어 없앨 수는 없지만 추운 겨울이 오면 또 다시 봄을 기다리는 것을 반복하듯 그 고통을 줄일 수 있는 방법을 되풀이해서 추구한다. 그래서 사람이다.

끊임없는 기다림의 반복, 세상에 온 것이 우리의 의지가 아니었듯 우리 의지로도 어쩔 수 없는 것들을 그래도 어떻게 해 보려고 노력하며 기다리고 좌절하고 다시 기다리는 그대와 내가 세상을 산다.

내가 존재하기 위하여

두 남자가 바다를 항해하던 중 폭풍우를 만나 무인도에 닿게 되었다. 둘은 각각 무인도의 오른편과 왼편에 자신들이 구출될 때까지 생활할 수 있는 터를 마련하였다. 오른편에 터를 마련한 남자는 날마다 기도를 하였다.

배가 고파 먹을 것을 달라고 기도 했더니 신기하게도 나무에 과일이 주렁주렁 열렸다. 먹을 것이 해결 되고 시간이 흐르자 하루를 보내기가 무료해지기 시작 했다. 남자는 이제 무료함을 해소하기 위해 여자를 달라고 기도 했다. 그러던 어느 날, 무인도에 여자가 표류해 와 함께 살게 되었다. 여자와 함께 살다 보니 남자는 또 아이가 갖고 싶어 아이를 달라고 기도 했다. 그러자 아이가 하나둘 태어나기 시작 했다.

그렇게 자신이 원하는 것을 이루며 살아가고 있던 어느 날, 드디어 오른편에 있는 남자 쪽으로 배 한 척이 다가왔다. 아내와 아이들과 함께 남자는 구조 되고 마침내 무인도를 떠날 수 있게 되었다. 그때 하느님이 남자에게 물었다. 왼편에 있는 남자는 왜 데리고 가려하지 않느냐고. 그러자 남자가 대답 하였다. 나는 날마다 기도를 했지만 왼편에 있는 사람은 아무런 기도도 하지 않았기 때문입니다. 하느님이 대답하였다. 지금 네가 이룬 모든 것은 왼편에 있는 사람의 기도 덕분이다. 그는 매일 네가 원하는 바를 이루게 해 달라고 기도 하였다. 지난 일요일 미사 때 신부님께서 강론 중에 들려주신 일화다.

오래 전에 연로하신 문단의 대선배님께서 지금 우리가 아무 탈 없이 행복하게 살 수 있는 것은 누군가의 반대급부 때문이라고 하신 말씀이 생각난다. 우리가 누리고 있는 여유만큼 누군가는 빠듯한 삶을 살 것이고 우리가 경제적으로 풍부하다면 어디선가는 그만큼 궁핍한 생활을 하는 사람이 있을 것이라 하셨다. 해서 우리는 그 여유를 급부한 반대편의 사람들에게 감사해야 하며 또 관심을 가져야 한다고 했다. 즉 내가 누리고 있는 안락이 내 스스로의 노력에 의해 만들어진 것 같아도 실인즉 누군가의 반대급부에 의한 것이라는 거였다. 에둘러 한 이야기였지만 두 분의 이야기는 모두 나와 이웃에 관한 것이다.

남들 일할 때 더 열심히 일하고 남들 놀 때도 일하고 그렇게 노력하고 이룬 성과에 대한 보상을 반대급부에 의한 결과라니, 인정하기 쉽지 않다. 그러나 억지로라도 생각을 끼어 맞추어 보면 그런 것도 같다. 열심히 일할 수 있었던 것도 일자리가 주어졌기 때문이다. 아무리 열심히 일하며 미래를 설계하려 해도 일자리가 주어지지 않으면 뜻을 이룰 수가 없다. 일 할 능력과 준비를 갖추고도 일자리를 구하지 못해 이곳저곳 이력서를 들고 뛰어 다니는 사람들이 얼마나 많은가. 바꾸어 말하면 일자리를 만들어 준 쪽이 있기에 일을 할 수 있는 것이다.

대기업주 일가들의 호사가 근로자들에게 일자리를 제공한 데 대한 반대급부라면 오늘 내가 누리고 있는 이 생활은 어떤 반대급부에 의해 발생한 것일까. 그 누구의 기도나 희생 또는 노력 덕분일까. 가까이는 가족을 비롯해 알게 모르게 많은 사람들이 연관되어 있을 것이다. 의식주를 주관할 수 있게 버팀목이 되어 주는 남편, 자신의 자리를 찾아내기 위해 성장통을 앓고 있는 아이들, 내가 탄 차가 달릴 수 있도록 도로를 보수하고 관리해 주는 사람들을 비롯해 거리에서 만나는 많은 사람들의 급부가 밑바탕이 되어 있을 것이다. 물론 엄밀히 따지고 들면 교환적 급부라 할 수도 있겠지만 사람 사이를 교환의 가치로만 논할 수야 없지 않은가.

언젠가 급하게 자료를 준비해야 할 일이 있었다. 그런데 그날 공교롭게도 멀쩡하던 프린트기가 고장이 난 게 아닌가. 초조한 마음으로 제조사 고객서비스센터에 전화를 하니 주말이라 서비스가 안 된다고 하였다. 하지만 그날 자료를 준비하지 않으면 안 되었다. 그때는 지금처럼 집집마다 프린트기가 있을 때가 아니어서 어디 부탁할 때도 없었다. 마침 지난 번 프린트기가 고장 났을 때 왔던 서비스 기사가 두고 간 명함이 생각났다. 서랍을 뒤지니 다행히 버리지 않았는지 명함이 있었다. 혹시나 하고 명함에 적힌 휴대폰 번호로 전화를 해 부탁 했더니 근무 시간이 아니라 힘들겠다고 했다. 그러나 간곡한 부탁에 잠시 난감해하다가는 와서 고쳐주겠다고 했다. 얼마 후 기사가 왔고 무사히 자료를 프린트할 수 있었다. 기사의 배려로 나는 성취의 기쁨을 누릴 수 있었다.

독불장군 없다 했다. 개개인의 삶은 수없이 많은 관계망 위에서 리드미컬하게 유지되고 있음을 생각해 본다. 그 리듬이 깨어졌을 때 빈익빈 부익부 같은 구조적 불균형이 생기고 사회는 혼동에 빠져든다. 흔히 이웃을 위한 일을 봉사나 희생이라 생각하지만 나 아닌 타자, 곧 이웃을 생각한다는 것은 결국 자신의 안위를 지키는 것이며 나아가 더불어 사는 공동체를 위한 초석을 다지고 완성으로 나아가는 과정이다.

레비나스는 존재사건 저편에 이미 우리에겐 책임(타자에 대한)이 주어져 있고 선택의 자유는 그 이후에 주어지는 것이라 했다. 타자의 고통과 맞닥뜨렸을 때 우리에게 주어진 그 책임에 실천으로 응답하는 것이 인간이 살아야할 모습이며, 진정한 휴머니즘이야말로 타인을 위해 책임질 수 있는 주체가 성립될 때 비로소 가능해진다고 했다.

자연과 대면하는 부분을 제외 한다면 인류의 역사는 나와 타자의 조율에 대한 기록이라 해도 과언이 아닐 것이다. 내가 존재하기 위하여 필요한 모든 것을 직간접으로 조성해 주고 있는 타자들을 헤아려본다.

폭풍우

아침에 일어나니 폭풍우라도 몰고 오려는 듯 세찬 바람이 불고 있습니다. 날은 흐려서 어둠침침하고 검회색 구름이 마치 폭군 네로처럼 하늘을 완전히 장악하고 있습니다. 세상을 내려다보며 무언가 거대한 파괴를 범하려고 하는 듯이 보입니다. 강처럼 큰 수원지에는 바람 부는 해변에서 보았던 파도처럼 바람을 따라 흰 물결이 밀려왔다 밀려가곤 합니다. 물 위에서는 제비들이 하늘 높이 날아올라 갔다가 이내 곤두박질치듯 내려와 이리저리 원을 그리며 날아다니고 있습니다.

반팔 옷 사이로 불어오는 서늘한 바람이 금방이라도 폭풍우를 몰고 올 것 같습니다. 키가 2미터 정도쯤 되는 텃밭의 옥수수들은 장검 같은 잎들을 바람에 나부끼며 닥쳐올 폭풍우에 모두들 바짝 긴장을 하고 있습니다. 이제 막 수염을 달고 있는 옥수수들입니다. 우리 밭의 옥수수뿐만 아니라 앞 집 밭의 옥수수도 영배네 밭의 옥수수도 춘화네 밭의 옥수수들도 모두모두 긴장을 하고 있습니다. 옥수수뿐만 아니라 들깨와 아주까리, 이제 한창 속이 꽉 차 있는 강낭콩들도 모두 큰 피해를 입지 않을까 두려워하고 있습니다. 뿌리를 깊이 박은 다년생 나무를 제외한 모든 연약한 식물들이 떨고 있습니다.

집에서 삼십 미터 정도 떨어진 곳에 있는 길가 버드나무는 바람이 불 때마다 쏴아 ~ 쏴아 하며 큰 소리를 냅니다. 십 몇 년 전에 박 씨 아저씨는 병으로 아내를 잃었습니다. 몇 년 전에는 딸마저 전라도로 시집을 보냈습니다. 남은 아들과 호젓이 살아가는 박 씨 아저씨네 집 울타리에 있는 버드나무도 쏴아-쏴아 큰 소리를 지르고 있습니다.

한바탕 큰 폭풍우가 닥쳐오면 전원에 있는 농작물들과 연약한 식물들은 아무런 저항도 못하고 고스란히 수난을 겪어야 합니다. 폭풍이 몰아치는 방향으로 온 몸이 쓰러지고 더러는 부서집니다. 그들 중 몸이 약한 것들은 그대로 쓰러진 채 숨져가고 기운이 센 것들만 다시 땅을 딛고 일어나 매무시를 가다듬고 꿋꿋이 살아갑니다.

해마다 한 두 차례 폭풍우의 수난을 당하는 그들을 봅니다. 농사를 짓지 않는 사람의 마음이 이러한데 농부님들의 마음은 오죽하겠습니까. 아무쪼록 폭풍우가 조용히 지나가 전원의 모든 연약한 식물들이 최소의 희생도 당하지 않기를 마음속으로 빌어봅니다.

그런데 시간이 흐르면서 금방이라도 폭풍우를 몰고 올듯하던 회색빛 날씨가 차차 개기 시작합니다. 오후에는 언제 그랬냐는 듯 활짝 개였습니다. 쏴 ~ 쏴 세찬 바람이 불 때마다 그 어느 나무들보다 큰 소리로 폭풍우의 서곡을 알리던 버드나무들은 괜히 쑥스러운 듯 맑은 햇빛 속에 조용히 서 있습니다. 우리 집 밭의 옥수수도 영배네 밭의 옥수수도 춘화네 밭의 옥수수도 그리고 전원의 모든 연약한 식물들이 아침에 마음 졸였던 긴장을 풀고 맑은 햇빛 속에서 웃고 있습니다. 농부님들도 한시름 놓았을 겁니다.

그러나 오늘은 그냥 지나갔지만 머잖아 그들은 모두 큰 수난을 겪지 않으면 안 될 것입니다. 해마다 그랬고 또 그것이 자연의 순환인데 어찌 올해라고 그냥 지나치겠습니까. 단지 우리가 할 수 있는 것이란 그들의 희생이 최소의 최소가 되게 마음속으로 비는 것뿐입니다.

밤의 아리아

숨을 죽이고 바라보고 있노라니 문득 어둠속 나무들이 무슨 의식을
치르고 있는지도 모른다는 생각이 든다.
실제로 나무들에게도 정령이 있어 그들만이 알고 있는
밀교나 비교의 종교적 의식 같은 것을 치르고 있는지 모른다.

밤의 아리아

해가 진 세상에 어둠이 스멀거린다. 그러나 아직 빛의 흔적이 남아 있어 제법 먼 곳의 사물들도 알아볼 정도는 된다. 어둠이 소리 없이 쌓이기 시작하는 사원으로 가는 길에는 사람이라고는 보이지 않는다. 어둠이 대인기피증이 있는지 사람이 어둠을 멀리하는지 대체로 어둠은 사람과 쉽게 융화되지 않는다.

낯익은 사원으로 가는 길이 왠지 낯설다. 산을 찾아오는 사람들을 꾸밈없는 맨 얼굴로 산정으로 안내하던 나무들. 어릴 때부터 나무들은 친밀한 동무들이었다. 톱밥과 장작으로 난로와 아궁이들을 데우고 어둠을 밝히던 추운 시절의 추억도 공유하고 있다.

타닥타닥 톱밥과 장작이 타는 소리를 내기 시작하면 먼 산과 가까운 산의 서사시를 들으며 함께 추위를 견뎠다. 불꽃이 읽어 주는 서사시를 들으며 가난한 집은 잠이 들고 비로소 꿈을 꾸었다. 그러한 나무의 무구함이 좋아 누구나 가슴에 한두 그루쯤의 나무를 키우고 살지 않는가. 그러나 어둠속에 서 있는 나무들은 분명 다르고 낯설다. 스산한 기운을 내뿜는 게 괴기스럽기까지 하다.

열 길 물속은 알아도 한 길 사람 속은 알 수 없다더니, 나무들도 평소의 외양과는 달리 천 개의 만 개의 얼굴을 숨기고 있었던 것일까. 어둠을 맞이하고 있는 산길과 나무들은 확실히 배타적인 분위기를 자아내고 있다. 마치 와서는 안 될 사람이 오는 것을 막기라도 하려는 듯, 보아서는 안 될 것을 못 보게 하려는 듯 잔뜩 긴장하고 있는 것이 사뭇 낯설고 위압적이다.

햇살 아래서 보았던 자작나무, 굴참나무, 오리나무, 상수리나무, 산수유, 진달래, 철쭉. 그리고 억새와 이름을 채 알지 못하는 온갖 산풀들. 그들을 기억하고 서로 안면을 튼 지도 오래건만 산에서 눈을 뜨고 꿈을 꾸는 부족들은 어둠속을 두리번두리번 오르는 사람을 이방인인양 아무도 아는 체 하지 않는다.

숨을 죽이고 바라보고 있노라니 문득 어둠속 나무들이 무슨 의식을 치르고 있는지도 모른다는 생각이 든다. 실제로 나무들에게도 정령이 있어 그들만이 알고 있는 밀교나 비교의 종교적 의식 같은 것을 치르고 있는지 모른다. 밤의 사원으로 가는 숲길에는 눈에 보이지는 않지만 알 수 없는 수많은 영혼들이 무리를 지어 어느 곳으로 흘러가고 있는지도 알 수 없는 일이다.

세상에 귀신이 있는지 없는지는 아무도 알 수 없다. 인기척 없는 산 속으로 어둠이 찾아들면 저승 문의 빗장이 열리고 어둠을 두른 사자들이 숲으로 마실을 나오는지 누가 알겠는가. 밤의 사원으로 가는 산길은 여태껏 한 번도 본 적 없는 신비한 세계를 눈앞에 펼쳐 놓고 있다.

잠깐 사이, 어둠의 농도가 빠른 속도로 짙어지더니 이내 숲을 완전히 덮어 버린다. 이제 바로 눈앞의 길과 나무들도 가까이 다가가야 간간히 보일 뿐, 곧 다다르게 될 사원이 있는 곳도 이승이 아닌 까마득히 먼 곳에 있는 신비스런 장소처럼 느껴진다. 그때다.

대~~~애앵~~~ 대~~~애앵~~~

산기슭에 있는 사원에서 종소리가 들려온다. 승려들의 저녁예불 참가를 알리는 종소리일까. 종소리는 언제 들어도 아늑한 그리움처럼 반갑다. 그런데 어둠 속에서 홀로 듣는 천년 고찰의 종소리는 오래된 친구처럼 반갑고 정다우나 동시에 외계에서 들리는 소리 같기도 하다. 어둠에 막혀서일까, 우기를 담뿍 머금은 바람처럼 종소리는 무겁고 둔하게 산 아래쪽으로 흘러내려 온다.

향을 사르고 냄새를 맡으며 아마도 승려들은 예불을 올릴 것이다. 그 예불소리를 듣고 모든 사자들의 영혼이 숲으로 모여드는 것은 아닐까. 언젠가 사원에서 사자를 위한 의식을 치른 후, 사람형상의 커다란 짚인형을 불태우는 것을 본 적이 있다. 사위는 어두워 아무 것도 보이지 않지만 어둠 속에서는 뭔지 알 수 없는 일이 분명 벌어지고 있는 기운이 감돈다.

세상이 이렇게 낯설 수도 있는 것이구나. 사람 사는 마을이 여기라며 불빛 반짝이는 곳이 머지않은 산 아래 보이는데 이곳은 외계란 말인가. 문득 돌아가고 싶다는 생각이 든다. 나에게도 집이 있다. 포근한 불빛과 따뜻한 물이 끓는 사랑하는 가족이 있는 집으로 돌아가고 싶다는 생각이 온몸을 엄습해 온다. 즐거운 집과 사랑하는 가족을 두고 무엇 때문에 이 밤, 산 속에 홀로 있단 말인가. 그러면서도 왔던 길을 되돌아 내려가지 못한다.

마법의 숲은 동화 속에만 있는 것이 아니었다. 신비한 힘에 끌리듯 어둠에 덮인 산길을 올라 마침내 밤의 사원에 도착하였다. 먼 이국처럼 떨어져 있는 것도, 처음 와 보는 곳도 아니건만 조금 전 종소리를 울렸던 사원도 마치 외계처럼 비의秘意롭고 조용하다. 인기척은 어디에도 없고 불빛 번지는 격자무늬 문들만 여기도 사람이 거처하는 세상의 한 곳이라고 조용조용 속삭이고 있다. 닫힌 문, 인기척 없는 마당, 사원의 마당을 이방인처럼 잠시 서성이다가 결코 우호적이지 않은 밤의 사원을 뒤로하고 산길을 내려오기 시작했다.

어둠은 평소에 보던 눈에 익은 모든 자연과 사물들을 낯설게 만들어 놓는다. 아니 어쩌면 평소에 보던 것들은 세상의 아주 미미한 부분에 지나지 않는 것에 불과한지 모른다. 찰나에 불과한 일생을 살다가면서 세상에 대해 무엇을 안다고 할 수 있을까. 아무 것도 모르면서 간혹 안다고 하는 것은 우리의 용도에 의해 우리만의 척도로 우리만을 위하여 살아 있는 동안 이름 지어 놓은 이기에 지나지 않는 것인지 모른다. 어쩌면 그 모든 것이 착각인지도.

팔월의 설국

계속되는 무더위에 생활 리듬이 다 깨져버렸다. 먹는 것도 귀찮아 그야말로 목숨을 잇기 위해 먹는다 해도 과언이 아닌 요즘, 아들이 영화를 보러가자고 한다. 어두컴컴한 곳을 싫어하는 성격이라 좀처럼 영화를 보러 가지 않는데 더위를 피할 양으로 영화관으로 향했다. 영화 제목도 마음에 들었다. 설국열차. 이 무더위에 눈나라의 열차라니, 말만 들어도 가슴이 뻥 뚫릴 것 같았다.

그러나 아름다운 설원을 배경으로 달리는 열차 안에서 일어나는 줄거리의 멜로 풍 영화일 것이라는 예상은 빗나갔다. 영화의 시작부터 화면을 가득 채우는 것은 끔찍한 참상들이었다. 짐승우리 같은 열차에서 얼굴과 몸이 때에 전 사람들이 넝마 같은 옷을 입고 노동을 착취당하고 있는 모습이 전편을 장악했다. 설경이 가끔 보이긴 했지만 그건 우리가 알고 있는 낭만적인 모습이 아니라 어떤 생명도 발을 디딜 수 없는 무시무시한 재앙으로서의 풍경일 뿐이었다.

프랑스 원작 만화 'Snowpiercer'를 영화화한 봉준호 감독의 『설국열차』는 인간이 개발한 기후 무기인 CW-7로 인해 빙하기가 되어 버린 지구에서 살아남기 위해 멈추지 않고 달리는 기차를 탄 사람들의 생존 모습을 그리고 있다. 인간의 교만이 초래한 재앙을 벗어나기 위해 열차를 탄다는 면에서 열차는 노아의 방주다.

그러나 재앙을 피해 열차를 탔다고 모든 게 해결되는 게 아니다. 열차는 부와 빈, 계급과 모순, 권력과 욕망이 지배하는 소형 지구로서, 인류의 축소판을 보여준다. 달리면서 모든 게 자급자족이 되는 열차의 꼬리 칸에는 최하층민으로 상징되는 사람들이 짐승 같은 취급을 받으며 살아가는데 그들은 양갱처럼 생긴 바퀴벌레로 만든 단백질블록이라는 식량을 받아먹으며 목숨을 연명한다. 그러나 그마저도 죽지 않을 만큼의 양이어서 늘 굶주려 있다.

배고픔을 이겨내기 위해 그들은 아이를 잡아먹거나 서로의 팔을 잘라 먹기도 한다. 반대로 앞 칸에 사는 상류층들은 깨끗한 의상을 입고 호화로운 생활을 한다. 그들이 있는 칸에는 과일이 열리는 과수원도 있고 고급 술집과 목욕탕도 있으며 아이들을 가르치는 학교를 비롯해 없는 게 없다.

더 이상 참을 수 없다고 생각한 꼬리칸의 사람들은 커티스를 중심으로 반란을 일으키기로 하고 열차의 보안 설계를 담당한 송강호 분의 남궁민수를 성냥갑 같은 감옥에서 빼낸다. 남궁민수는 그들에게 협력하지만 그의 속셈은 다른 데 있다. 반란을 일으켜 최고지도자를 교체하려는 생각 같은 것은 그의 안중에 없다. 그는 밖으로 나가는 열차의 문을 열겠다는 생각 하나만으로 앞 칸으로 나아간다.

언제부턴가 남궁민수는 바깥세상의 빙하들이 조금씩 녹고 있는 것을 눈치 채고 있었다. 그래서 이제는 열차 밖으로 나가야 할 때가 되었다고 생각하고 있었다. 서로의 목적은 달랐지만 앞 칸으로 가야할 공동 목표가 있는 그들은 엔진을 조종하는 최고지도자가 있는 앞 칸을 향해 목숨을 건 싸움을 하며 나아간다.

한 칸씩 앞 칸으로 갈 때마다 무기를 든 경계병들과 사투를 벌이며 마침내 머리 칸에 도착한다. 그러나 억압과 통제, 불평등도 결국은 자급자족하는 열차속의 생존 균형을 유지하기 위한 체제라는 최고 지도자 윌포드의 말을 듣고 혁명을 이끄는 커티스는 절망한다. 그들의 반란을 지휘했던 정신적 지도자 길리암 마저도 윌포드의 각본대로 움직인 꼭두각시였다는 이야기를 듣고는 어찌할 바를 모른다.

그 순간, 커티스는 그들이 서 있는 발판 아래서 네다섯 살의 유아들이 기계 부품처럼 쭈그리고 앉아 열차의 엔진을 돌리고 있는 것을 발견한다. 그 공간은 네다섯 살 아이들의 체구에 마침맞는 공간이라 더 큰 아이나 어른들은 들어갈 수가 없는 작은 공간이다. 네다섯 살의 유아들이 기계부품처럼 엔진을 돌려 열차를 달리게 하고 있었던 것을 발견한 커티스는 경악한다.

이미 공포로 마비된 아이들은 커티스가 끌어내어 줘도 넋이 없는 스프링인형처럼 자신이 쭈그리고 앉았던 자리로 자동적으로 돌아가 버린다. 커티스는 이러한 비극적인 현실을 보고 자신이 계획했던 모든 진로를 바꿔버린다. 그리고 남궁민수를 향해 밖으로 나가는 열차의 문을 부수라고 외친다.

가까스로 성냥을 손에 넣은 남궁민수의 딸 요나는 아버지 남궁민수와 함께 각성제 중독자로 연기하며 모은 크로놀에 성냥불을 붙이는데 성공하고 마침내 밖으로 나가는 문은 열린다. 그러나 문이 열리는 순간 열차는 궤도를 이탈하며 산산조각이 나버린다. 마지막에는 열차에 탔던 사람들도 모두 죽어버리고 요나와 엄마에게서 강제로 끌려와 엔진을 돌리던 다섯 살짜리 남자아이만 살아남아 바깥세상으로 나온다.

노아의 방주 이야기를 모티프로 하고 있는 설국열차는 인간의 교만과 계급에 의한 억압과 통제, 욕망 등의 주제를 다양하게 다루고 있다. 짐승처럼 살던 꼬리 칸 사람들의 희망도 열차와 함께 산산조각이 나버리는 비극을 보여주고 있지만 영화는 인류의 승계를 암시하는 요나와 다섯 살의 남자아이를 살려두고 끝을 맺는다. 보는 내내 영화 속 세계에 답답하였지만 마지막 장면에서 그나마 희망이라는 메시지를 보며 조금은 안심이 되었다.

삼십 도가 넘는 팔월 무더위에 아름다운 설경을 상상하며 찾았던 영화관. 마지막에 실낱같은 희망을 보긴 했지만 두 번 다시 보고 싶지 않은 팔월의 설국이었다.

구월

구월이다.

기어를 중립에 두고 잠시 주위를 둘러본다. 여름이 제발 우리를 빨리 지나가기를 간구하면서 다시는 오지 않을 것 같은 가을을 얼마나 간절히, 간절히 기다렸던가. 달리고 싶을 때도 달렸고 달리기 싫을 때도 달릴 수밖에 없는 인생 노정, 올 여름은 참으로 더웠다. 뜨거워서 온몸이 익어버릴 것 같은 시간들이었다. 그러나 힘들게 달린 만큼 잎들은 우거졌고 우리들이 흘린 땀은 고스란히 과육으로 스며들었다. 그리하여 많은 열매들의 무르익음을 기다리기만 하면 된다.

가을은 퍼덕거리는 삶의 지느러미를 가지런히 하고 지나온 시간을 다독인다. 다가오는 미래를 잠자리 날개처럼 가벼이 해보라고 청명한 대기를 사절단으로 이끌고 온다. 훅, 훅 세상의 엔진을 최대로 가열하던 여름과 모시처럼 가뿐한 가을을 잇는 구월.

구월은 음악과 음악 사이를 연결해 주는 간주곡처럼 여름과 가을이라는 막과 막 사이를 잇는 막간이며 상대를 생각하는 배려의 시간이다. 그 막간과 배려의 시간에 나무들은 단풍들일 물감을 마련한다. 수년 전, 여름에서 갑자기 가을 날씨로 접어든 적이 있었다. 순식간에 떨어진 기온으로 마당에 있는 감나무와 벚나무 잎들은 녹색에서 곧바로 거무데데하게 변색되어 허무하게 낙엽이 되고 말았다. 고운 물감으로 단풍을 빚어 일 년에 딱 한 번 세상에 뽐내려던 나무들의 마음이 무참히 짓밟히고 말았던 것이다. 많은 사람들이 감기에 걸려 고생을 하기도 했다.

구월은 속도와 제동을 잇는 징검다리이기도 하다. 흐르는 물속에 온몸을 받쳐 세상에 없는 길을 만드는 징검다리를 건널 때는 조급하게 달려가서는 쉽게 건너지 못한다. 아이들이 어릴 때였다. 갑자기 차가 끼어드는 바람에 급제동을 했는데 그때 차 앞 유리창까지 튕겨 나간 아이의 이마가 찢혔다. 제동거리 구간이 없는 자동차의 급제동은 굉장히 위험하다. 여름이 급제동하여 바로 가을로 들어서면 힘겹게 달려온 노력들이 순식간에 쏟아지고 말 것이다. 삶에서도 마찬가지다.

살다보면 원치 않아도 휴식이 꼭 필요할 때가 있다. 그럴 때 조급한 마음으로 밀어붙이다 보면 끝내는 수습하기 힘든 상황을 만들어버리기가 다반사다. 제동장치가 고장 난 자동차처럼 가속 페달만 밟다 보면 갑자기 서야 할 곳이 나타날 때는 급제동할 수밖에 없다. 급제동은 지금까지 착실히 싣고 온 모든 것을 왈칵 다 쏟아버리거나 엉망으로 만들어 버린다. 싣고 있던 것들이 물건들이라면 그나마 다행이지만 목숨을 쏟아버릴 때도 있다.

징검다리를 건널 때는 물속에 엎드려 등을 내어주는 돌들의 숭고한 희생에 고마움의 예를 갖추듯 하나하나 겸손하게 밟은 후 발을 옮겨가야 한다. 징검다리는 빨강 파랑 노랑 신호등이 없어도 호흡만 잘 맞추면 거뜬히 건널 수 있다. 먼 바다에 대한 동경을 가진 계곡의 꿈을 안고 흐르는 물의 이쪽에서 저쪽으로 가기 위해 징검다리를 건너는 동안 발밑으로는 물속 생명들을 품은 강물이 흘러간다. 물과 뭇 생명과 사람이 서로에게 방해를 주지 않고 종과 횡의 십자모양을 만들면서 동시에 제 갈 길로 간다. 사람 사는 도로의 교차로에서는 상상도 할 수 없는 화합이다. 그러한 징검다리는 발로만 건널 수 있다. 자동차도 경운기도 둥근 꿈을 싣고 나르는 자전거로도 건널 수 없다. 징검다리에서 인위적 속도는 아무 쓸모가 없다. 구월은 서두르지 않고 지금껏 달려온 속도를 서서히 바꾸어 가을에 안착하게 하는 도정의 달이다.

구월이 있어 참 좋다.

덕분에 지친 몸을 시원한 바람에 내맡기고 잠시 돌이나 나무 그루터기에라도 걸터앉아 나도 보고 당신도 본다. 우리도 생각해 본다. 구월의 하늘이 높고 푸르고 맑고 깨끗하다. 깨끗하다 못해 사방에서 맑디맑은 물이 흘러내리는 것 같다. 맑은 물이 경쾌한 노래를 부르며 지친 영혼 속으로 흘러오는 소리가 들리는 듯하다. 구월에 씻어진 맑은 심신으로 가만히 생각해 본다. 누군가의 힘든 생을 건너게 하기 위하여 흐르는 세월에 엎디어 징검다리가 되어 본 적이 있었던가.

…….

구월의 징검다리를 겸손하게 건너간다. 구월의 징검다리를 건너면서 여름에서 빠져나와 서서히 가을의 면역을 높인다. 곧 자연스럽게 가을의 영지로 들어갈 것이다.

핑계

바람은 천 년 전에 하던 장난을 아직도 하고 있다고 어느 시인이 말했다. 그러나 그것은 틀린 말이다. 오늘 이 땅에 살고 있는 사람이 천 년 전의 사람이 아니듯, 오늘 이 땅에 부는 바람도 천 년 전의 바람이 아니다. 오늘을 사는 사람들이 늙은이의 지혜를 젊어서 체득하지 못하듯, 오늘 부는 바람도 자연의 이치를 깨닫고 우주로 모습을 감춘 수천 년 전의 그 바람이 아니다. 오늘의 바람은 오늘을 사는 우리와 같이 나이 들어가고 철들어 가는 길 위에 서 있다.

바다의 용오름을 시샘하여 바람이 용천지랄하듯 회오리를 친다고 탓할 일도 아니다. 우리라고 잔잔한 호수 같은 마음가짐으로만 평생을 살아갈 수 있겠는가. 기분 좋을 때는 풀밭과 나무들의 이마를 쓰다듬고 꽃들을 애무하는 산들바람이지만 한 생을 어찌 그렇게만 살 수 있겠는가. 참다 참다 폭발하여 한바탕 갑갑한 속을 비워내면 후련하듯, 바람도 가끔씩은 세상을 한번 뒤집고 흔들어서 쌓인 가슴의 먼지를 터는 것일 게다. 사람아, 그러니 부디 세상사를 바람 부는 탓으로 돌리지 말자.

한 사람을 사랑하여 죽고 못 살 것 같았던 시절이 있었다. 그 때 그 사람은 너무나 커서 세상을 꽉 채우고도 남는 사람이었다. 이쪽을 보아도 그 사람, 저쪽을 보아도 그 사람, 생각 속에도 오직 그 사람이 세상이었다. 그 사람이 없으면 세상도 존재하지 않을 것 같은 시절이었다.

그런데 지금 그 커다랗던 사람은 너무나 왜소하여 세상 어느 곳에 있는지 관심의 시계에 잘 잡히지 않을 때가 많다. 슬픈 이야기지만 한동안 눈에서 보이지 말았으면 하는 순간도 있다. 어떤 사람은 끝내 원수지간이 되어 남남으로 갈라지는 경우도 적잖이 있다. 그렇게 누대를 반복하며 사는 게 사람인데 어떻게 바람이 천 년 전과 같은 장난을 한다고 말할 수 있겠는가.

며칠 전, 텔레비전에서 아프리카 수단에서 봉사를 하고 있는 아름다운 여자 탤런트의 모습을 보았다. 먹을 것이 없어 태어난 지 얼마 되지도 않는 아기가 굶어 죽어가는 것을 보면서 봉사체험에 참가하고 있는 탤런트도 울고 프로그램을 진행하는 남녀진행자도 울고 나도 울었다.

그날 방송을 본 대부분의 사람들이 다 울었을 것이다. 진행자는 한 달에 이만 원만 정기 후원을 하면 그들의 한 달 생활이 보장이 된다고 했다. 그러면서 작은 온정으로 그들의 아픔을 함께 하자고 이야기 했다. 이만 원이 큰돈이라면 큰돈이고 적은 돈이라면 적은 돈이다. 자신의 처지에 따라 다르겠지만 극빈층이 아닌 웬만한 사람이면 낼 수 있는 금액이란 생각이 들었다. 당장 정기 후원은 몰라도 ARS전화후원을 누르는 사람들이 엄청났을 것이다.

그러나 가슴 아파하며 눈물 흘리던 그 감정은 몇 날을 이어갔는가. 방송이 끝나고 얼마 지나지 않아 언제 굶어 죽어 가던 어린 아기를 보았느냐는 듯, 더 맛있는 음식과 더 멋있는 옷을 위해, 더 좋고 더 넓은 평수의 집에 대한 꿈을 향하여 가속 페달을 밟기에 온 힘을 다 기울인다. 수단에서 의료봉사를 하다 짧은 생을 마감한 이태석 신부님을 향한 존경과 흠모가 가슴을 촉촉이 적시던 때는 또 얼마나 흘러갔는가. 우리는 생활과 꿈에 무섭도록 충실하다. 그럼에도 삶의 질은 높아지지 않았다. 사회는 갈수록 서로에 무관심하고 오히려 살벌함만 더해 간다. 그러니 어떻게 바람을 탓할 수 있단 말인가.

찬바람이 불기 시작하면 사람들은 겨울옷을 준비한다. 바람의 찬기가 더 해 갈수록 한 겹 한 겹 옷을 덧입는다. 반대로 찬바람이 불기 시작하면 나무들은 옷 벗을 준비를 한다. 더운 날 입고 있던 청의에 든 푸른 색 물들을 서서히 뱉어낸 후, 자신이 가진 기량만으로 단풍을 지은 후 보는 이를 한바탕 즐겁게 하고는 훌훌 벗어버린다.

같은 겨울을 맞으면서도 사람과 나무의 태도는 백팔십도 다르다. 그렇다고 나무가 사람을 욕하는 것을 본 적이 있는가. 사람들이 나무를 향해 아무데서나 옷이나 벗는 천박한 속물이라 손가락질을 하기라도 하는가. 불완전 그 자체가 완전인지 모른다. 그러니 바람을 탓하지 말고 오히려 자신을 멀찍이서 바라보고 자성하는 게 낫지 않겠는가. 바람 탓으로 돌리지 말자. 남 탓하지 말자. 더 이상 핑계거리를 찾지 말자. 나무들은 바람이 어떤 형태로 흔들어도 자신의 자리에서 꽃을 피워 열매를 맺고 가을이면 단풍까지 짓고도 겨울이면 한 벌 뿐인 옷을 맨살의 대지를 위하여 벗는다.

우리는 너무 많은 핑계를 댄다. 시간이 없다, 돈이 없다, 입고 나갈 마땅한 옷이 없다 등등. 수많은 핑계를 대며 자신의 부족함을 덮으려 한다. 그리고 지금 이 겨울, 오늘도 바람 탓을 하며 너무 추워 너에게 달려갈 수 없다고 핑계를 대려한다. 바람이 옷깃을 헤집고 살 속으로 파고들면 아무 옷이라도 한 겹 더 겹쳐 입고 나서보자. 총총걸음으로 가다 보면 스스로 체온이 올라 바람도 무색해할 것이다. 좀 춥고 힘들어도 바람 핑계 대지 말고 기다리는 사람을 향해 가보자. 지금 나서보자.

망각, 그 후

고분군이라고 해서 봉분이 제법 큰 무덤들이 군집해 있는 줄 알았는데 무덤이라곤 한 기도 보이지 않는다. 사방을 둘러보아도 이곳이 고분군이라 느껴질 만한 상징물이나 어떠한 흔적도 보이지 않는다. 안내 표지판이 없다면 어느 누구도 여기가 이천 년 전쯤에 무덤들이 군집해 있던 곳이라는 것을 알지 못 할 것 같다. 집에서 차를 몰면 이십 분이면 닿을 수 있는 곳에 있었다는 사실도 놀랍다.

왕복 이차선 국도는 자동차들이 드문드문 달릴 뿐 한적하다. 백두산과 까치산자락에 터를 잡은 집들에 한가로움이 묻어나는 평범한 시골마을. '예안리고분군' 은 봉분이 커다란 지배층의 무덤들과 달리 일반 백성들의 무덤인 게 특징이었다고 한다. 그래서일까, 발견된 무덤들은 봉분이 없었다고 한다.

칠팔십 년대를 거쳐 고분군에서 이백 기가 넘는 무덤을 발굴했는데 당시 출토한 인골과 유물들은 부산대학교와 김해박물관에서 보관하고 있다고 한다. 이미 무덤들을 발굴하였으니 엄밀히 말하면 고분군터라고 해야 맞을 예안리고분군은 신안마을이라 새겨진 돌비석 근처, 국도를 가운데 두고 양쪽으로 터를 이루고 있다. 낮은 철재 울타리가 경계선으로 처져 있는데 이마저 없다면 방치된 땅쯤으로 오인될 법하다.

지배자와 피지배자, 지도층과 일반국민. 예나 지금이나 힘없는 백성들은 도드라지지 못한다. 신분의 구분이 자로 줄을 그어 놓은 듯 나뉘던 옛날에야 오죽하였을까. 모든 부분에서 그 규모와 조촐함이 지배계층의 것과는 확연히 달랐을 것이다.

봉분이 없던 무덤처럼 장례 절차 또한 부산스럽지 않고 간결하게 치러졌을 것이며 감정을 절제당하지 않아도 되는 신분의 사람들은 사랑하는 이를 잃은 슬픔을 큰 울음소리로 게워 내었을 것이다. 그 모습에 사위의 초목들도 울었을까.

이곳이 지배계층의 무덤이 모여 있던 자리였다면 상황은 달라졌을 게다. 무덤이 생겼을 당시부터 지배적 이데올로기의 상징과 민심을 결집하는 구심점으로 국가적인 예우를 받으며 면면히 세월을 이어왔을 것이다. 경주나 고령가야고분지와 같이 많은 이의 발걸음이 끊이지 않는 역사 문화적 명소가 되어 지금과는 사뭇 다른 모양으로 남아있었을 지도 알 수 없다. 계급은 살아 있을 때와 마찬가지로 장례의 형식과 주검의 안치, 유택의 존폐에도 영향을 미친다.

발굴 당시, 철기시대의 생활양상을 여러 방면에서 알아낼 수 있는 많은 종의 유물이 출토되었는데 대표적인 것이 움무덤과 독무덤을 비롯한 다양한 종류의 무덤이었다고 한다. 수많은 토기류와 철기류를 비롯하여 금제 은제 동제의 장식품인 껴묻거리와 편두 모양의 인골도 출토되어 당시를 연구할 수 있는 귀중한 사료가 되고 있다고 한다. 고고학적 유물이 다량 발견된 문화 유적지임에도 안내판이 아니면 알아채기 쉽지 않은 예안리고분군에서 여느 유적지에서와 마찬가지로 세월무상 인생무상을 느낀다.

이천 년 전, 거친 무명옷을 입고 사랑하는 이를 땅에 묻던 무리의 사람들은 그때의 울음소리를 상상하며 내가 지금 여기에 서 있을 것이라는 것은 아무도 알 수 없었을 것이다. 인생이란 어쩌면 한 쪽은 완벽하게 모르고 한 쪽만 아는 사이로 절로 흐르는 것인지 모르겠다. 고인들이 알지 못했듯 나 역시 미래에 올 사람들을 알 수 없다.

멀지 않은 곳에 있는 백두산과 까치산이 눈에 들어온다. 저들은 이곳의 내력을 알고 있을까. 장구한 세월에 기대어 돌림노래처럼 이어지는 수많은 생과 멸의 반복, 그 노정에 피고 졌던 희로애락의 낱낱들을 저 산들은 낱낱이 기억하고 있을까. 사람이 죽으면 육신을 이루고 있던 성분들은 분해되어 우주를 떠돌아다니다가 적절한 조건을 접하게 되면 다시 생명을 입든지 다른 물질을 이루든지 한다는 이야기를 읽은 적이 있다.

죽은 자를 묻은 이의 슬픔은 세월이 흐르면서 어디론가 산화되고 후손의 후손으로 가면서 마침내 잊히어진다. 신분이 높은 이야 사료로나 기록, 족보로 남게 되지만 들풀처럼 살다간 이들이야 망각이 곧 끝이다. 산 자도 죽은 자도 망각 후의 세사와는 무관한 허무적 사실에 또 한 번 무상을 느낀다.

헤아려 상상하기도 어려울 만큼 오랜 세월, 무구한 산천을 배경으로 생과 사의 바통을 전해 받으며 이어오는 도저한 생의 계승을 생각해본다. 주검이 삭아 그 흔적마저 없어진 슬픈 의식이 행해졌던 장소에서 죽음도 아무렇지 않게 얘기할 수 있는 것을 보면 인생이 일희일비에 목숨 걸 일이 아님을 한 번 더 생각한다.

경운기 한 대가 하우스 즐비한 오른쪽 평야의 농지를 향해 툴툴거리며 가고 있다. 아주, 아주 먼 옛날에도 이곳을 터 삼아 살아가던 사람들은 저 평야에서 봄여름 가을겨울 땀 흘리며 농사를 지었을 것이다. 더운 날에는 나무 그리매를 자리 삼아 피로와 더위를 식혀가며 지금은 한갓 허공이 되어버린 그들의 미래를 위해 꿈도 품었을 것이다. 들일을 한소끔 마무리 한 후에는 가까운 낙동강에서 물고기와 조개를 잡았을 것이고 내다버린 조개껍데기는 절로 패총을 이루었을 게다.

저물녘이면 밥 짓는 연기 모람모람 피어오르는 집을 향해 소를 몰았을 것이며 마침내 당도할 집에는 넉넉하지 않은 살림을 함께 꾸려가는 늙은 양친과 까만 얼굴의 어린 자식들이 기다리고 있었을 게다. 그때도 덥거나 추웠을 것이며 노을 또한 붉은 얼굴로 서녘 하늘을 지키는 수문장 노릇을 하였을 게다. 달라진 게 있다면 거친 옷이 현대식 복장으로 바뀌고 소 대신 경운기나 트렉터가 논밭을 갈고 주택 양식이 바뀐 것, 그리고 길이 아스팔트로 포장되는 등의 환경변화 정도일 것이다.

그러나 나 또한 죽고 나의 생을 기억하는 사람마저 나를 망각한 후에는 이 모든 것이 무슨 의미가 있을까.

겨울비

아침부터 비가 내리고 있다. 겨울비답지 않게 제법 많이 내린다. 현관문을 열고 바깥 기온을 느껴보니 생각과 달리 별로 차지가 않다. 원래 겨울비가 내리는 날은 기온이 푸근했었지. 마당에 있는 발라 먹은 생선가시 같은 나무들이 비를 맞으며 침묵하고 있다. 흑백으로 우중충한 풍경위로 내리는 비가 스산한 분위기를 덧칠하고 있어 손으로 만지면 쓸쓸함이 묻어날 것 같다.

라디오에서는 이 비가 그치고 나면 올 겨울 들어 가장 추울 것이라 한다. 이어서 장기간 외출을 할 때는 수돗물을 조금씩 흘려 놓고 수도계량기는 헌옷이나 헝겊으로 사서 동파되지 않도록 해야 한다는 상식도 알려준다. 겨울은 자연이나 사람이나 자꾸 안으로 들어가게 하는 계절이다. 안으로 들어갈수록 외부와 단절된 시간은 많아지고 외부와 단절된 관계는 외로움을 적적하게 게워내게 만든다. 게다가 어제 저녁에 본 아홉 시 뉴스는 겨울비만큼이나 마음을 스산하게 한다.

어제 매스컴에서 가수 이 모 씨의 아버지가 부모를 살해하고 자신은 스스로 목숨을 끊었다는 뉴스를 보았다. 사건 당사자가 유명 아이돌 그룹 가수의 아버지라는 사실에 놀라고 자신을 낳아주고 길러 준 부모를 살해했다는 사실에 놀랐다. 생활고와 치매에 걸린 어머니에 이어 아버지까지 치매에 걸려 더 이상 감당할 수 없는 삶의 무게 때문에 비극적인 행동을 한 것 같다고 했다.

얼마나 힘들었으면 그랬을까만 세월을 거슬러 가보면 그이를 낳고 행복해 했을 부모가 보이는듯하여 삶의 허무가 커다란 무리의 안개가 되어 다가온다. 그이를 낳았을 때 부모는 세상을 다 얻은 것 같은 마음으로 누구 못지않게 키워 멋진 미래를 안겨주고 싶어 하였을 것이다. 지금과 같은 미래가 자신들 앞에 놓여 있을 줄이야 꿈에서라도 생각이나 했을까.

어느 정도 내리고 그칠 줄 알았던 비가 오후가 되어도 그치지 않는다. 창밖을 보니 빗줄기가 오히려 더 굵어지고 있다. 겨울비가 아니라 여름 어느 하루를 잡아 종일 내리는 비 같다. 비 내리는 길엔 행인도 드물다. 꼭 필요한 경우가 아니면 대개가 집안이나 어딘가의 안에서 가능한 비와 마주치지 않고 있을 것이다. 속수무책 비를 맞고 있는 길들도 어디로 들어갈 데가 있으면 비를 피하고 싶은 표정으로 보인다.

비가 내리는 날에는 점심 먹으러 밖으로 나가는 것도 귀찮다. 아무리 우산을 쓰도 어딘가에는 비의 흔적이 묻어 찍찍하다. 그냥 시켜 먹을까. 시켜 먹는 데는 메뉴의 한계가 있다. 직원 몇은 우산을 쓰고 밖으로 먹으러 가고 다른 한 사람과 사무실에서 시켜먹기로 했다. 비 오는 날엔 가루음식이 당기는데 중국음식을 먹을까. 수제비나 칼국수, 아니면 피자를 먹을까. 비 오는 날엔 가라앉은 마음만큼 메뉴 선택 고민을 더 많이 하게 된다. 차라리 고민하지 않게 누가 딱 정해서 가져다주는 게 더 편하게 느껴질 때도 있지만 지금은 마당에 떨어지는 빗줄기를 보며 한 끼 먹을 식사의 메뉴를 전심을 다해 결정해야 한다.

스스로 목숨을 끊은 사람들은 삶과 죽음의 기로에서 얼마나 많이 헤매었을까. 이 길 저 길을 수없이 두리번거리다 더 이상 갈 길이 보이지 않을 때 맞닥뜨렸을 좌절과 맨 몸의 삶 위로 겨울비보다 더 차갑게 내렸을 고통들. 그들이 홀로 헤매었을 절망의 순간들을 상상하면 생로병사의 굴레에 놓여 있는 동류로서 슬프다. 슬퍼서 겨울비가 더 추적추적 내린다. 오후를 넘어서면서부터 굵어진 빗줄기는 시간이 흐르면서는 진눈개비로 변하기 시작했다.

자신이 낳은 자식에 의해 목숨이 다한 부모와 자신을 낳아 준 부모의 목숨을 거둔 자식의 심정을 타인들이 어찌 헤아릴 수 있을까. 매스컴에서는 '부모를 살해하고' 라고 했지만 그이는 유서에 부모를 모시고 간다고 했다. 겨울비보다 차가운 삶의 좌절과 고통, 절망들, 그이는 그게 부모에게 효도하고 또 다른 가족을 위하는 길이라고 생각했던 모양이다. 하지만 이유여하를 막론하고도, 옳고 그름의 입장을 떠나서도 그건 너무 슬픈 일이다.

온 겨울 가장 추운 날이 될 것이라는 내일을 감춘 채 샤록샤록 내리는 진눈개비는 오늘 안으로 그치지는 않을 것 같다. 눈도 아니고 비도 아닌 진눈개비. 아마도 지대 높은 산꼭대기는 세상의 궂은 일과 슬픈 일을 다 잊고 싶어 하늘에서 내려오는 눈을 하얗게 쌓고 있으리라.

모르고 살지

몇 년 전이다. 조금만 빨리 걸어도 호흡이 가빠지는 게 심상치가 않았다. 걷는 것에도 호흡이 가쁘니 조깅은 생각도 할 수가 없었다. 러닝머신 위에서 달리기를 하면 채 일 분도 못 가 숨이 차 멈추곤 했다. 격년으로 우송 되어 오는 건강검진 알림장을 늘 건성으로 보고 쓰레기통에 버리는 게 다반사였는데 검진을 한 번 받아봐야겠다는 생각이 들었다.

혈액검사 결과 헤모글로빈 수치가 너무 낮아 얼른 철분제를 먹지 않으면 안 된다고 하였다. 서서히 낮아져서 몸이 지탱할 수 있었지 만약 한꺼번에 그 정도 수치까지 떨어졌다면 쓰러져서 수혈을 해야 할 정도라고 했다.

그때부터 지금까지 철분제를 복용하고 있다. 워낙 수치가 많이 떨어져 있어 하루 한 알이면 된다고 되어 있는 복용설명서를 무시하고 아침저녁 두 번씩 먹었다. 하루도 빠지지 않고 꼬박꼬박 챙겨 먹었다. 더불어 주기적으로 검사를 해서 점검을 해보니 수치가 차츰 올라가고 있었다.

조금만 힘이 들어도 호흡이 가빠지던 증상들이 차츰 괜찮아지기 시작했다. 빨리 걷기를 할 때도 헉헉거리지 않게 되었고 하고 싶던 조깅도 하고 싶은 만큼 할 수 있게 되었다. 혈액 속에서 산소를 실어 나르는 헤모글로빈이 부족하여 호흡하는데 충분한 산소가 공급이 되지 않으니 숨이 빨리 가빠진 듯했다.

몸이 괜찮아지니 화장실 들어갈 때와 나올 때 마음이 다르듯 또 건강검진을 게을리 하게 되었다. 그러다 재작년 건강검진 때 검사를 했는데 다행히 수치가 제법 올라 있었다. 그래도 정상수치보다 낮아 철분제는 계속 먹어야 한다고 했다. 하루 두 번에서 한 번으로 줄었지만 꼬박꼬박 챙겨 먹는 것도 여간 귀찮은 것이 아니었다. 다시 세월이 제법 흘렀기에 헤모글로빈 수치가 어떻게 되는지 궁금하여 혈액검사를 하러 갔다. 건강검진 대상에 포함 되는 해가 아니어서 혈액검사만 해보기로 했다.

의사에게 빈혈의 정도를 알고 싶어 혈액 검사를 하러 왔다고 하니 기왕에 검사하는 거 비용을 조금 더 부담하여 검사 범위를 넓혀서 받아보지 않겠느냐 한다. 일반적으로 하는 혈액검사는 십 종 정도의 검사를 하는데 대학병원과 연계해서 하는 정밀 혈액검사는 팔십 종으로 웬만한 곳의 이상 유무는 거의 파악할 수 있단다. 비용은 십만 원 정도로 해볼만하다고 한다.

한 번 뽑은 피로 몸속에 팔십 종의 병증이 있는지 없는지를 알아낼 수 있다니 괜찮을 듯했다. 어차피 뽑는 핀데 전반적인 몸 체크를 한 번 해 볼까하는 생각이 들었다. 나이가 들어가니 혹시라도 모르는 사이 몸속에서 병이 움을 틔우고 있을지도 모른다. 모든 병은 조기 발견이 중요하고 조기 발견을 할 때는 완치도도 높다 하지 않는가. 그러나 순간 아는 것이 병이라는 말이 퍼떡 떠올랐다.

언젠가 방송에서 시체해부를 많이 한 의사가 나와서 이야기한 것이 생각났다. 실험용 인체 기증을 하시는 분 가운데는 연세가 높으신 분들이 많은데 해부를 하다보면 의외로 몸속에 암과 같은 악성 종양을 가지고 계시는 분들을 볼 수 있다고 했다. 이론적으로 보면 분명 그 병으로 고생을 했을법한데 그분들은 생시에 병이 있는 것을 몰랐을 뿐더러 건강하게 살다가 돌아가신 분들이라 했다. 암과 같은 난치병이 몸에 있더라도 자신이 알아차리지 조차 못하는 사이 절로 자연 치유가 되거나 병에 좌지우지 되지 않고 사는 경우가 종종 있음을 본다고 했다.

인체는 같은 병을 가지고 있더라도 어떤 사람은 좋지 않은 결과를 맞게 되지만 어떤 사람은 난치병을 가지고 있으면서도 그것이 있는지 없는지조차 모르면서 고통과 불편을 모르고 살아가기도 하고 살짝 지나가기도 한다는 것이다. 그 원인이 무엇인지는 알 수 없지만 각자의 인체가 가지고 있는 독특한 체계에 기인하는 게 아닐까 싶다. 하지 않아도 될 검사를 하여 긁어 부스럼 만드는 게 아닌가 하는 생각이 들었다.

수십 년 전 일이다. 오빠가 아는 친구들과 산성에 놀러 간 날이 있었다. 그때 산성을 오가는 버스는 시간을 정해 놓고 운행을 하였다. 그런데 저녁나절이 되어갈 무렵 라디오 뉴스에서 오빠가 타고 오기로 한 시간대의 버스가 낭떠러지로 굴러 많은 사람들이 숨졌다는 소식이 들려왔다. 엄마 아버지는 그때 심장이 멎는 것 같았다고 하셨다. 지금은 집집마다 전화도 있고 각자 손전화기를 들고 다니니 금방 실상을 확인 할 수 있지만 집전화도 없던 그 때는 애간장이 녹아 내려도 기다리는 수밖에 없었다. 한참 후, 오빠가 집으로 와서야 부모님은 마음을 놓았다. 다행히 오빠는 애초 타고 오려했던 버스 말고 다음 차례에 운행하는 버스를 타고 왔던 것이다.

나는 그 날 무엇 때문이었는지 기억이 나지 않지만 저녁 늦게 집에 왔기에 오빠가 집으로 귀가할 때까지 엄마와 아버지가 겪었던 그 숨 막히는 고통의 순간순간을 모르고 지나갔다. 만약 집에 함께 있었다면 부모와 마찬가지로 멈춰 버린 것 같은 시간을 얼마나 힘들게 보냈을까.

비유가 조금 부자연스러웠지만 때론 모르는 것이 약이 되고 아는 것이 병이 되는 경우도 있다. 하필이면 몸의 컨디션이 무언가 알 수 없는 요인으로 좋지 않은 징후를 보이는 순간, 시간이 흐르면 아무 것도 아닌 것을 때 맞춰 포착해 내기라도 한다면 꼼짝없이 사단이 나고 말 것이다. 모르는 것이 약이다.

결국 혈액 정밀 검사는 한 번 더 생각해 보고 하겠다며 병원을 나왔다.

편견을 넘어서

눈물이 났다. 약을 먹여야하는데도 밥 한 술 먹지 않으니, 독한 항생제가 빈속에 들어가면 얼마나 시리고 해로울까. 화가 나서 아이들을 막 때렸다. 아이들이 울고 나도 울었다.

아이들에게 밥을 먹이기 위해 별의별 걸 다 했다. 주위에서 밥 잘 먹게 한다는 방법이 있다는 이야기를 들으면 신빙성의 유무를 떠나 무조건 그렇게 해 보았다. 개구리를 고아서 먹이면 밥을 잘 먹는다더라. 손에 자라가 있어서 밥을 먹지 않으니 자라 따는 데 가서 그것을 없애면 잘 먹는다더라. 일 년에 한 번씩 용을 해 먹이면 병치레도 하지 않고 밥도 잘 먹는다더라. 하루 종일 아무 것도 먹이지 말고 굶기면 별 수 없이 먹게 되어 있는데 신경 쓸 게 뭐 있냐 등등.

손에 있다는 자라 따는 것을 제외하고는 다 해 보았다. 먹지 않겠다고 악바리를 부리는 아이들을 윽박지르고 때로는 때리겠다고 협박도 하면서 붕어, 잉어, 장어를 고아 먹이고 늙은 호박, 대추도 수없이 다려 먹였다. 정말 별의별 걸 다 해 먹였다.

아이들은 병적으로 밥을 먹지 않았다. 그래서 그런지 잔병치레도 끊이질 않았다. 일어나면 아이들 데리고 병원 가는 게 하루 일과였다. 밥은 먹지 않아도 약은 먹여야하는데 빈속에 약을 먹이려니 가슴이 무너지는 것 같았다. 잘 안 먹으니 당연히 잔병들도 빨리 떨어지지 않아 감기는 매일 달고 살았다.

병원에 갈 때마다 의사들은 아이 몸무게가 적게 나간다며 하나같이 엄마가 신경 써서 잘 먹이라고 했다. 그럴 때마다, 아이들이 안 먹어서 정말 힘 든다고 응대했다. 어떤 의사는 굳이 밥만 먹이려고 하지 말고 아이가 좋아하는 것은 빵이든 우유든 뭐든지 먹이라고 했다. 그러나 아이들은 빵도 먹지 않았고 우유도 먹지 않았다. 정말 먹는 걸 이렇게도 안 먹는 인종이 있나 할 정도로 먹지 않았다.

어느 날은 종일 아무 것도 먹이지 않고 굶겨 보았다. 그래도 아이들은 먹을 것을 달라고 하지 않았다. 기가 찰 노릇이었다. 밥 잘 먹는 나마저 빠짝 말라가는 고통의 나날이었다. 하루하루가 정말 힘들었다. 주위 사람들 대부분은 엄마가 아이 입맛에 맞게 음식을 못 만드니 아이들이 안 먹는다고 한 마디씩 했다. 그럴 때마다 병적일 정도로 밥을 먹지 않는 아이들에 대해 설명을 하기도 했으나 결과는 역시 엄마가 못난 탓으로 돌려지고 있는 것 이상도 이하도 아니었다.

시간이 흐르면서는 굳이 구차하게 설명할 필요도 없다는 생각이 들었다. 자신들이 직접 체험해 보지 못하고야 어찌 이해가 되랴 싶었다. 나 역시 내 아이들을 겪고 있기에 이해를 하지 남의 아이들을 간접적으로 보았다면 똑같았을 것이라는 생각이 들었다.

어느 날, 감기가 걸린 아이들을 데리고 동네 내과에 갔다. 답답한 마음에 아이들이 밥을 병적으로 안 먹는데 혹 무슨 방법이 없느냐고 의사에게 물었다. 그랬더니 의사가 대뜸 '굶기면 자연적으로 먹게 되어있는데 엄마가 이리 호들갑 떠는 거 보니 애가 밥 안 먹겠다' 며 한심하다는 듯 쳐다보았다. 아이들을 과보호하는 못난 엄마로 보였던 모양이었다. 지푸라기라도 잡고 싶은 마음으로 이야기를 했지만 괜히 했다는 후회가 들었다. 그러나 이미 마음은 상처를 받아버렸다.

그즈음 집 근처에 있는 약국에 새 약사가 왔다. 답답한 마음에 아이들 이야기를 했더니 자신의 아이가 우리 아이들과 똑 같은데 아마도 체내에서 식욕을 일으키는 어떤 성분이 부족해서 그런 것 같다며 자신의 아이가 먹는 생약을 처방해 주었다. 아이들은 그 약을 먹고부터 밥 먹는 게 조금 나아졌다.

지금도 아이들은 많이 먹지 않는다. 보통 청소년 때는 돌아서고

나면 배가 고프다고 하는데 학교 다닐 때도 집에 오면 먹을 것을 찾지 않았다. 그러니 요즘 사회적 고민거리인 비만과는 거리가 멀다. 다행히 아이들은 두 녀석 다 군대 복무하면서 몸무게가 좀 늘었다. 그래도 자라서는 아프지 않으니 고맙고 감사하다.

살아가면서 우리가 알고 있는 이론과 지식, 상식으로는 도저히 이해하거나 설명할 수 없는 상황이 있는 것을 종종 느낀다. 그것은 세상 어느 책에도 설명 되어 있지 않고 해설 되어 있지도 않고 이름 또한 지어지지 않은 감정과 상황들이다. 밥 안 먹는 아이들! 사흘 굶어 남의 집 담장 넘지 않을 사람 없다고, 먹을 때까지 굶기면 되지 무슨 걱정이냐고 쉽게 말 할 수 있다. 그러나 세상 일이 그렇지만은 않다는 것을 아이들을 키우며 뼈저리게 느꼈다. 아직도 한심한 엄마로 몰아붙이듯 말 하던 그 의사가 가끔 생각난다. 이름도 잊지 않았다.

어떤 상황을 판단하거나 이야기 할 때 하나의 시각으로 보는 것은 상당히 위험한 일이라는 것을 그때부터 희미하게 알게 되었던 것 같다. 처녀가 애를 낳아도 할 말이 있다는 속담처럼 남의 사정은 절대 함부로 말 할 게 아니다. 겉으로 드러난 상황만 가지고 판단하게 될 때 자칫 잘못하면 편견이나 돌이킬 수 없는 잘못을 초래할 수도 있다는 것을 자주 깨닫는다. 선입견이나 편견을 넘어서기란 쉽지 않다.

아리스토텔레스를 거론하지 않아도 사람은 혼자서는 살 수 없는 사회적 인격체다. 징검다리 건너듯, 훌쩍 편견을 뛰어넘어 사람이나 사물을 보는 노력을 게을리 하지 않는다면 세상이 조금은 더 부드러워지지 않을까.

나비가 되어

산과 호수를 끼고 있던 마을의 겨울은 유별스러웠다.
빨래는 한 번도 제대로 마르는 날 없이 해가 지면 꽁꽁 얼었고,
빨리 다가온 어둠에 이른 저녁을 먹은 우리는
문을 꼭 닫고 밖에는 나가지 않았다.

나비가 되어

산과 호수를 끼고 있던 마을의 겨울은 유별스러웠다. 빨래는 한 번도 제대로 마르는 날 없이 해가 지면 꽁꽁 얼었고, 빨리 다가온 어둠에 이른 저녁을 먹은 우리는 문을 꼭 닫고 밖에는 나가지 않았다. 밤이면 호수가 강철처럼 얼어붙고 앞뒤 산에서는 바람의 벼린 채찍을 맞는 나무들이 스산스레 울어댔다. 아랫목 이불속으로 오종종 발을 넣고 있어도 위풍에 코끝이 시리던 방, 덜컹이는 창문 소리에 부엉이까지 성가시게 울어대던 겨울밤은 길고도 길었다.

당시 나는 스무 살의 나이로 지독한 방황을 하고 있었다. 세상과 자아에 대한 끊임없는 의문과, 이상과 현실에서 느끼는 괴리로 폭풍에 강바닥이 뒤집히듯 흔들리고 있었다. 지금 생각하면 그럴 때일수록 신체를 많이 움직이는 운동을 하는 것이 효과적이었지만 나는 광복동에 있던 음악 감상실 '무아' 나 동래시장 근처, 지하에 있던 음악다방 '천일' 과 '약속' 에서 주로 눅눅한 시간을 보냈다.

음악 감상실 안은 언제나 어둠침침했지만 그곳을 좋아했기에 문 열면 들어가 닫을 때 나오는 날도 있었다. 음악신청종이에 듣고 싶은 음악과 시를 적어 뮤직 박스로 밀어 넣고 신청한 음악이 나오길 기다리며 시와 고독, 청춘에 관해 진지한 척했다. 박인환의 '목마와 숙녀' 김남조의 '너를 위하여' 고정희의 '실낙원 기행' 같은 시를 읊조리며 청춘의 고뇌를 찰흙처럼 이리 저리 주무르는 사이 나침반 없는 청춘은 흘러가고 있었다.

그날도 동래시장 근처에 있던 음악다방 '천일' 에서 친구들과 뭉그적거리다 어둠이 내려서야 집으로 왔다. 음력 정월의 날씨는 추웠다. 마당으로 들어서는 순간 이상한 분위기가 느껴졌는데 아침에 집을 나설 때 멀쩡하던 엄마가 쓰러지셨다는 게 아닌가. 어리둥절해하며 방문을 열고 들어가니 '훅' 더운 공기가 밀려올 정도로 덥고 방바닥은 뜨거운데 아랫목에 누워 계신 엄마는 기척이 없다.

저녁에 퇴근한 아버지가 집에 오니 앞 집 아주머니께서 엄마가 몸이 이상하다며 자기 집에 와 있다고 하더란다. 놀라 달려간 아버지가 부축해 집으로 모셔왔지만 춥다는 말과 함께 '아무래도 내가 죽을 모양이다' 라는 말을 끝으로 정신을 놓으셨단다. 아버지는 엄마의 춥다는 말에 아궁이에 쉬지 않고 불을 지핀 모양이었다. 얼마나 많이 지폈으면 나중에 보니 엄마 엉덩이 한 쪽 살갗이 누렇게 데어 있었다. 의식이 흐려질 때쯤이었으니 아프다는 말도 하지 못하고 고통스러워했을 엄마를 생각하면 지금도 눈가가 젖는다.

끝내 엄마의 정신은 돌아오지 않았고 병원에선 뇌졸중으로 가망이 없다했다. 태어나서 가까운 사람의 죽음을 겪은 적이 없던 터라 엄마가 돌아가실지 모른다는 말에도 실감을 하지 못했고 당연히 자리를 훌훌 털고 일어날 것으로 알았다. 병원에 입원한지 일주일 만에 엄마는 산소 호흡기를 달고 구급차에 실려 집으로 돌아오셨다.

밖에서 돌아가시면 집안으로 들일 수 없다는 풍습 때문에 사실상 돌아가신 엄마를 형식적이나마 집에서 운명하게 하기 위해서였다. 건전지가 다 된 괘종시계의 추처럼 유언 한 마디 남기지 못한 엄마의 심장은 산소 호흡기를 제거하자마자 멈추었고 그 순간이 공식적 사망시간으로 기록되었다. 갑작스런 육친의 죽음에 우리 가족은 도대체 무슨 일이 일어났는지 체감하지 못했고 황망한 가운데 장례절차가 진행되었다.

그 와중에 보았던 아버지의 모습을 나는 지금도 선명하게 기억한다. 부엌에서는 집안아지매들과 동네 아주머니들이 분주히 음식을 만들고, 밖에선 조문 온 사람들이 잡다한 이야기와 함께 음식을 들고 있었는데 마당 한 쪽에 망연히 선 아버지가 초점 없는 눈으로 먼 곳을 바라보고 계셨다. 아니 바라보는 게 아니라 시선을 방치해 놓고 계셨다.

스물일곱에 스물셋의 엄마와 결혼하여 쉰셋에 사별하였으니 부부로 산 해는 고작 스물여섯 해밖에 안 된다. 부부의 연으로 산 이를 순식간에 잃고 홀로 남겨진 배우자의 마음은 어떠할까. 음악다방에서 늉치다 늦게 귀가한 탓으로 곁에 있지 못했다고 통탄하던 나의 자책감과는 비교도 할 수 없는 커다란 감정의 파고와 아버지는 대적하고 계셨을 것이다.

엄마가 사용하던 물건과 옷가지를 태우려고 할 때 아버지는 엄마가 돌아가실 때 입고 계셨던 윗옷을 챙기셨다. 브이넥으로 된 티셔츠는 가위로 잘라 벗긴 탓에 펼쳐 놓으면 나비모양이 되었다. 엄마의 혼은 나비가 되어 날아갔을까. 한갓 천에 불과한 잘려진 옷, 아버지는 거기에 남아 있는 엄마의 체취를 아껴가며 맡으시려는 듯 잘 개켜서 장롱 속에 간직하셨다.

삼우제를 다녀오실 때도 아버지는 눈물을 보이지 않으셨고 후에도 눈물을 흘리는 것을 한 번도 본 적 없다. 나비가 된 옷을 간직하시며 자신도 언젠가는 나비가 되어 엄마가 계신 곳으로 날아가실 것이라는 신념을 가지고 사셨던 것일까. 지금 내 나이가 아버지가 엄마와 사별하던 때의 연배쯤인데 그때 아버지가 느꼈을 절망감을 생각해 본다.

때로는 지우개로 말끔히 지워버리고 싶을 때도 있는 게 부부관

계지만 배우자는 세상을 살아가는데 더없이 든든한 벽이고 친구이며 가장 편하게 쉴 수 있는 마음의 안식처가 아닌가. 그런 배우자와의 사별이 어떠한 고통보다 견디기 힘든 것이라는 경험자들의 말을 들었다. 죽은 자만 섧지 산 사람은 어떻게든 살아간다. 주위 사람들이 그렇게 말했지만 아직 여의지 않은 자식들 앞에서 주저앉아버린 하늘을 아버지는 어떻게 일으켜 세우셨을까.

아버지는 엄마가 돌아가시고도 스물여덟 해를 더 사시다 돌아가셨다. 효자 열보다 악처가 낫다했는데 자식들인 우리가 엄마의 빈자리에 무시로 부는 바람을 막았을 리 없었을 터고 보면 아버지의 가슴에는 대꼬챙이 몇 개쯤은 꽂혀 있었지 싶다. 목울대까지 차오르는 울음과 설움을 삼키고 또 삼키며 사셨지 싶다. 아마도 무너진 하늘을 두 어깨로 떠받치며 남은 생을 사시지 않았을까.

사랑하는 이의 형상을 다시는 볼 수 없이 만드는 사별. 아버지도 가시고 없는 지금 아버지께서 혼자 감당하셨을 그 무게가 내 삶에 포개진다. 세상 어디에도 남아 있지 않은 아버지의 별리를 생각하며 살아 있는 내가 비에 젖는다.

산딸기

산딸기가 바알갛게 익었다. 우리는 산딸기에 눈독을 들이고 이제부터 할머니는 정신없이 바빠질 게다. 산이 많은 이곳 주동의 바람은 푸른 물에 씻어 놓은 듯 깨끗하다. 아기를 품은 부모처럼 마을을 둘러싼 신어산과 백두산 능선을 타고 오는 공기가 맑아 몸 속 독소들이 다 씻겨나가는 것 같다. 하지만 산비둘기와 뻐꾹새 울음소리에도 해는 벌써 하늘 한가운데를 향하고 있어 더위가 도를 넘어서고 있다. 폭염이니 찜통더위니 가마솥더위니 아침부터 매스컴에서 떠들어 대던 것을 생각하면 오늘도 더위는 오장육부까지 데우고도 남을 것이다.

머리에 모자와 수건을 둘러쓴 할머니가 저만치 마을회관 쪽에서 자전거를 타고 오신다. 하마 다른 곳에 있는 논과 밭일을 한바탕 끝내고 오시는 것일 게다. 두 발에는 여름인데도 검은 색의 긴 고무장화가 신겨져 있다.

"할머니 더운데 고생 많지예."

"아고, 덥다, 더워서 못 하겠다."

찡그린 얼굴에 흐르는 땀을 거친 손으로 훔치시며 작년에도 했던 말씀을 하신다. 왜 안 그러시겠는가. 일은 커녕 가만히 서 있기만 해도 얼굴과 등을 타고 땀이 흐르는데 동 트면 일어나 먼 곳에 있는 논밭 일을 끝내고 또 산딸기를 따러 오시니 햇빛과 노동에 바지런한 육신의 고단함이 어찌 만만할까.

"할머니 이제 마 농사 그만 지으시고 여행이나 다니시며 사시지예."

구구욱 국국. 산비둘기 소리가 스며든 산딸기의 빛깔이 더욱 먹음직스러워 보이고 국도를 드문드문 달리는 차 소리 사이로 시골의 더위가 정직하게 살갗에 와 닿는다.

"노는 것도 하루 이틀이지 우찌 매일 노노."

말씀은 그리하셔도 밭농사 논농사로 얻는 수입이 기실은 적지 않기 때문에 농사를 접지 못하시는 것이다. 산딸기 수확이 끝이 나면 곧 연접해 있는 복분자밭의 열매도 따야한다. 다른 곳에 있는 논농사와 밭에서 얻는 수입은 알지 못하지만 산딸기와 복분자 열매를 수확해 얻는 수입만 셈을 해도 한 해 기천만 원은 된다고 하니 쉽게 접을 수 없는 소득임에 분명하다. 그러니 칠순에도 하루같이 들에 나와 농작물들을 돌보며 시간을 보내시는 것일 게다.

지난여름 더위로 나무이파리들이 허옇게 늘어져 있던 칠월 하순의 어느 날, 복분자 열매를 따시던 할머니는 '아이고 더워 죽을 지경이다. 덧정 없어 이제는 못 하겠다' 며 농사짓기를 포기하실 듯 말씀하셨다. 그러나 여자들이 첫 아기 낳을 때의 산고를 잊고 다시 둘째를 낳듯 지난해의 고통은 생각이 나지 않는 듯 다시 농사를 지으신다. 하긴 막상 일을 놓으면 할아버지도 세상을 떠나고 계시지 않는 하루하루가 적적하고 무료하시지도 싶다. 게다가 농사로 웬만한 직장인의 연봉과 얼추 맞먹을 정도의 수입도 올리고 있으니 그만둔다는 게 말처럼 쉬운 것은 아닐 게다. 그렇다하더라도 머리에 두른 수건과 모자만으로 한여름 땡볕을 받으며 땀을 뚝뚝 흘리시는 것을 보면 무연히 안쓰럽다.

우리는 밭에서 바로 딴 싱싱한 물건을 산다는 생각 하나로 산딸기에 눈독을 들이다가 금을 쳐주고 사면 그만이다. 그러나 밭에서 직접 농산물을 사 본 사람은 알 수 있다. 시장에서는 물건을 사는 것이지만 밭에서는 흙과 사람과 자연이 합심해서 이루어 놓은 노동의 땀방울을 본다는 것을. 동이 틀 무렵이면 잠이 들깬 집을 나서서 저녁이면 하루 종일 노동으로 지친 해를 서산 노을바다로 옮기고서야 허리를 펴고 저물녘을 맞이하는 할머니. 할머니를 보면 손에 쥐어 지는 산딸기 하나하나가 얼마나 수고로운 시간의 좁디좁은 도랑들을 건너 마침내 당도한 것임을 가슴 아리게 느낀다.

일일부작, 일일불식一日不作, 一日不食이라는 말이 있다. 노동은 인간의 근간을 이루는 가장 중요한 요소 중 하나로 유기체의 실존을 보존하고 유지시키는 의식주 해결 기능을 한다. 그러나 오늘날의 사회는 노동, 특히 육체노동에 대한 경시가 만연되어 있다. 거대한 자본을 가진 무리가 가치의 중심인 듯 인식되어지고 농업인에 대한 시선은 언제 농자천하지대본이라는 말이 있었던 가를 무색케 한다. 노동은 신성한 것이 아니라 자본을 못 가진 자의 안간힘 같은 것으로 바라보는 경우도 없잖아 있다. 땀 흘려 일한 대가로 살아가는 것보다 노동하지 않고도 호의호식 하는 자를 능력자라 생각하며 부러움의 대상으로 여기기도 한다.

산딸기가 익을 무렵의 주동은 할머니의 더위가 제일 도드라져 보인다. 산을 두른 아름다운 풍광에 맑은 공기, 거기에 낙동강을 낀 배산임수의 지형마저 더했으니 마을이야 더할 나위 없이 좋은 곳이다. 하지만 연세 많은 할머니는 한 알 한 알 산딸기를 따는 순간 애오라지 더위만 느끼실 게다. 우리는 싱싱한 산딸기를 먹을 수 있다는 마음 하나에 손바닥부채로 더위를 쫓다가 셈이 끝나면 에어컨 바람이 나오는 자동차를 타고 가면 그만이다. 그러나 할머니는 작년처럼 올 해도 산딸기를 따고 곧이어 검게 따라 익는 복분자 열매도 따면서 무더운 시간을 건너갈 것이다.

힘들어 더는 못 하겠다 하시면서도 칠순이라는 연세에 논농사 밭농사는 물론 산딸기와 복분자까지 홀로 키워 내는 할머니를 보면 참으로 부지런하고 대단하시다는 생각이 든다. 하지만 안쓰럽기도 하다. 그러나 노동 후의 온몸으로 번져가는 꿀맛 같은 휴식을 알고 계실 할머니의 수고를 측은하다고 느끼는 것은 생의 깊이를 모르는 자가당착인지도 모르겠다.

눈앞에 놓여 있는 산딸기. 한 알이라도 할머니의 손길을 거치지 않고 온 게 없다. 물방울 같은 낱알들 여러 개가 모여 한 알을 이루고 있는 산딸기를 씹으니 단맛이 입 안 가득 스며든다. 할머니의 수고가 피를 타고 온몸으로 바알갛게 퍼진다.

사라진 나무들

네거리를 지나고 자전거 수리점을 지나 집으로 돌아오는 길에는 언제나 나무들이 먼저 마중을 나왔다. 집 나갔던 자식이 돌아오는 모습을 보고 먼발치에서 손을 흔들던 엄마처럼 나무들은 그렇게 마중을 나오곤 했다. 쏟아지는 햇살을 받으며 자신의 꿈을 마음껏 반짝거리던 은사시나무, 바람이 불 때는 또 얼마나 많은 말들을 속삭여대던지 지금도 잊을 수가 없다.

시골도 도시도 아닌 어정쩡한 곳에 자리하고 있는 나의 집은 큰 도로가에서 네거리를 지나고 자전거 수리점을 지나서도 한 삼백 미터 정도 걸어와야 하는 곳에 있다. 오랜 동안 개발제한 구역에 묶여 있다 보니 지금이나 그때나 집들은 대개 세월의 흔적이 묻어 낡고 헐어 있다. 거기에다 우후죽순으로 지어진 무허가 공장들의 난립으로 쾌적한 환경과도 거리가 멀다. 산과 강이 바로 옆에 있어 수시로 산책을 할 수 있는 그런 곳도 아니다. 김해평야를 바라보고 낙동강을 끼고는 있지만 정작 논과 밭을 보려면 적잖이 걸어가야 하고 강이 있는 곳까지 가려면 차를 타고 가지 않으면 안 된다.

자전거 수리점을 지나온 작은 네거리에서 삼백 미터 정도 되는 길. 자동차 두 대가 간신히 비켜갈 수 있는 마을 초입인 그 길은 포장은 되어 있었으나 제대로 정리가 되지 않아 언제나 어수선했고 길 양쪽에는 잡초들이 수북이 돋아나 있었다.

그 길가에 두 그루의 은사시나무가 오갈 데 없는 곤충들을 데리고 착하게 살아가고 있었다. 저 홀로 떨어져 있는 외딴집처럼 산도 들도 아닌 그 곳에서 은사시나무는 밤이면 별빛을 밟고 하늘로 올랐다가 새벽이면 어김없이 은빛 아침을 데리고 왔다. 은사시나무 맞은편에는 탱자나무 울타리가 있었다. 온 몸에 사나운 가시를 달고 있어 정이라곤 도무지 없을 것 같은 게 탱자나무지만 가을을 맞아 검초록의 열매들을 노랗게 물들일 무렵에는 탱자나무도 제법 서정적 감성을 지닌 나무임을 엿볼 수 있었다.

나무와 풀이 있다 보니 산도들도 아닌 그 짧은 거리에 쑥이며 냉이, 개부랄, 개망초, 달개비 등 친숙한 야생풀들이 거기서 살자고 약속이나 한 듯 올망졸망 살아가고 있었다. 철이 되면 그들은 자신들이 성의껏 지은 꽃으로 화려하지는 않아도 정성이 소복 담긴 꽃

전시회를 열고는 했다. 하나같이 눈에 잘 띄지 않는 작은 꽃들이었지만 가까이 가서 바라보면 자연의 순리를 따르는 재주와 그들의 일생 부지런한 삶의 모습들을 엿볼 수 있었다.

개망초, 냉이, 개부랄, 달개비, 그들이 피운 꽃들은 앙증맞고 예쁘기도 했지만 달개비 꽃들의 독보적인 남빛에서는 알 수 없는 인생의 의미처럼 무척이나 요원한 느낌을 받고는 했다.

그 무렵 아이들은 어려 집밖으로 나가는 것을 좋아하여 유치원을 다녀온 아이들을 데리고 종종 마을을 한 바퀴 돌았다. 나의 집은 마을로 들어가는 첫 집인데 주황색 대문을 열고 오른쪽으로 걸으면 마을 안으로 들어가게 되고 왼쪽으로 걸으면 마을 초입인 그 길로 향하게 된다. 아이들과 마을을 한 바퀴 돌고 나면 어김없이 망초며 냉이, 달개비 꽃들을 보러 갔다.

천둥번개 요란하게 치며 내리던 소나기가 그친 초여름 저녁은 산책하기에 더할 수 없이 좋은 날씨였다. 우르릉~ 크릉 크르릉~ 먼 하늘에서 멀어져 가는 우레 소리가 마법세계의 소리처럼 들려오면 대기에선 비릿한 비 냄새가 나고 맑게 갠 서녘 하늘엔 붉은 노을이 스며들기 시작했다.

영원히 멈추어버려도 좋을 것 같은 그 순간에 아이들과 함께 나무와 풀들을 만나러 가면 은사시나무와 탱자나무들은 참으로 선하게 서서 맞아주었다. 비를 맞아 몸이 땅으로 기울어진 풀들도 깨끗한 얼굴로 반겨주었다. 이유 없이 눈물이 날 것같이 아름다운 그 순간에는 릴케며 워즈워드가 어느새 함께 걸으며 내내 부드러운 목소리로 속삭이고는 했다.

그런데 어느 날, 두 그루의 은사시나무들이 베어지고 말았다. 도로를 정비한다는 이유로 구청차원에서 베어 버린 것이다. 그 나무들이 도로를 어지럽힌 적은 결코 없었지만 나무가 있는 자리가 어정쩡한 게 그들의 심기를 불편하게 한 모양이었다. 하얀 톱밥을 통곡처럼 쏟아 놓고 나무들의 맑은 영혼은 하늘로 올라가버렸다.

그때 은사시나무 이파리에 보금자리를 틀고 살던 곤충들은 어디로 어떻게 이주 해 갔는지 아직도 알지 못한다. 은사시나무가 베어지고 얼마 지나지 않아 탱자나무 울타리도 허물어졌다. 대신 은백색 양철이 울타리가 되어 길가에 세워졌다. 덩달아 들꽃들도 자취가 없어지더니 몇몇 남은 개망초와 개부랄, 달개비 꽃들도 어느 순간부터 보이지 않았다.

세월이 흐르고 엄마가 가자는 데로만 따라다니던 아이들도 콧수염이 거뭇거뭇해지더니 엄마의 아이가 아닌 세상의 청년들이 되어 버렸다. 이제는 말도 되지도 않는 말로 제 고집을 주장하며 제 가고 싶은 길을 가려 한다. 그러나 사람은 기억할 수 있는 능력을 가지고 있어 아름다운 순간을 가슴에 품을 수 있다.

네거리를 지나고 자전거 수리점을 지나 집으로 돌아오던 나를 마중 나오던 은사시나무들, 그 나무들은 오래 전 무시무시한 톱날에 베어져 흔적도 없이 사라져버렸다. 그러나 아이들의 무구한 모습과 탱자나무의 속내를 엿볼 수 있었던 은사시나무가 있던 그 길은 아직도 수많은 이파리들을 반짝이며 가슴 한 쪽에 살아 있다. 독보적 달개비 꽃들의 남빛으로 나와 아이들의 인성 한 부분을 이루는 주춧돌 자리가 되어 생의 한쪽을 아름답게 꾸며 놓고 있다. 덕분에 내 감성의 책꽂이엔 자연에 관한 스크랩이 풍부하다.

내 생의 한 부분을 아름답게 반짝였고 아이들의 유년에는 개망초, 개부랄, 냉이, 알싸한 쑥의 향기와 더불어 달개비의 남빛을 심어 놓은 그 산책길이 오늘 따라 그립다.

오늘

빨간 불이다. 아직 좌회전 신호는 들어오지 않았다. 아침마다 눈에 들어오는 낯익은 글자들. 길 건너편의 복음약국과 생맥주집 투다리, 평강목재소의 간판이 보인다. 직접적인 관계는 없는 곳들이지만 가끔씩 연결되는 곳들로 사람처럼 말로 인사를 주고받지는 않지만 매일매일 자연스레 눈맞춤을 하는 친숙한 존재들이다. 초록불이 켜진 방향의 차도에는 각자의 사연을 실은 차들이 각자의 속도로, 그러나 대개는 비슷비슷한 속도로 쉴 새 없이 달려가고 있다.

옆 차선의 차가 우회전하여 김해 방향으로 달려간다. 같은 마을에 살아도 얼굴과 생각이 다르고 생활이 다르듯 가는 방향도 제각각 다르다. 누구는 직진을 하고 누구는 우회전을 하고 누구는 또 나처럼 좌회전을 한다.

이 교차로에서 좌회전을 기다린 날들이 얼마나 많은 물처럼 흘러갔는가. 때로는 직진을 해야 할 때도 우회전을 해야 할 때도 있지만 생활터전으로 가기 위해서는 언제나 좌회전을 해야 한다. 그러나 신호를 기다리면서 마냥 행복하지만은 않았다. 가벼운 마음으로 출발할 때도 많았지만 때로는 과적차량처럼 무겁게 출발하던 날도 있었다.

컨디션이 좋지 않아 만사 팽개치고 누워 있고 싶은 날에는 등 떠밀려 가는 것처럼 몸이 무거웠고 매끄럽게 풀리지 않는 회계업무가 가슴을 답답하게 할 때는 아무 곳으로나 달려가고 싶은 궤도 이탈의 유혹을 달래며 신호를 받았다. 얽매인 회사가 아니라 다소 여유는 있었지만 꾸준히 이 길을 거쳐 생활터전으로 오간 세월이 어언 이십 년에 다다른다.

오늘도 출근하기 위해 중앙선이 따로 없는 마을길을 벗어나 대로로 접어드는 교차로에서 좌회전 신호를 기다리고 있다. 저녁이면 이 길을 통해 집으로 돌아오고 아침이면 출근하기 위해 이 길을 가야하는 참 따분한 반복의 반복이다. 어제 같은 오늘과 오늘 같은 내일이 끊임없이 오고가는 이 식상함. 인생은 참 무료하고 재미없는 서사의 반복이다.

땅 따먹기 비석치기 공기놀이로 하루해가 모자라던 어릴 때는 세상에는 뭔가 특별한 이벤트 같은 게 가득한 줄 알고 살았다. 청년기에는 세상에 특별한 것은 없고 스스로 적응해 나가야 한다는 걸 느끼기 시작하며 성장통을 앓았고 중년으로 접어들 무렵부터는 세상은 그저 그럴 뿐 이럭저럭 살다가 죽는 것이라고 생각하기 시작했다. 때로는 눈 뜨기 싫은 아침이 올 때도 있었고 때로는 차라리 눈 뜨지 말았으면 하는 날도 있었고 때로는 하루를 살아내기가 몇 날처럼 힘든 날의 시작으로서 아침이 찾아오기도 했다. 그럴 때의 아침은 희망이 아니라 절망이고 한숨이었다. 그래도 자고 나면 아침은 어김없이 와서 오늘까지 나를 태우고 왔다.

적지 않은 세월을 등 뒤로 흘려보내고 이제는 알 듯 하다. 특별한 것 없이 찾아오는 심심한 이 오늘이 얼마나 고맙고 보배로운 것인가를. 오늘은 누군가가 그토록 살고 싶어 했던 내일이라는 말을 거론하지 않더라도 불의의 사고나 낫지 않는 질병, 또는 일어나지 말아야 할 사건으로 세상을 떠나는 이가 얼마나 많은가. 하루라도 사건사고가 없는 날이 없는 사회에서 건강 챙기며 날마다 가족과 이웃을 볼 수 있는 견고한 일상으로서의 오늘을 맞이할 수 있다는 것은 축복이고 평화다. 특별한 게 없다는 건 생활의 파고가 없다는 것이고 경천동지할 만한 경사는 없더라도 무탈하다는 것이다.

우주적 견지에서 보면 생과 사도 티끌 하나 사라지는 것보다 사소한 것이라 한다. 깜짝 놀랄만한 즐거운 일이 없어 무의미한 것 같은 일상이지만 살아서 무탈하게 오늘을 맞았으니 경사다. 간과

할 수도 있지만 살아 있다는 자체가 이미 의미다. 지나친 낙관주의는 무사안일처럼 비치기도 하겠지만 이대로 천 년 만 년 마냥 살 것 같아도 선조들의 생명을 이어받아 오늘 내가 존재하듯 우리 또한 이 자리를 오래지 않아 후세에 물려주고 떠나게 될 것이다. 섬광 같은 일에 호들갑 뜰 일 또한 아니다.

내가 기다리는 좌회전 신호가 들어오면 지금 앞만 보고 달리고 있는 차선의 차들은 멈춘다. 다시 초록 신호가 들어올 때까지 내가 좌회전 신호를 기다리듯 기다리지 않으면 안 된다. 식상한 오늘 같지만 세세히 들여다보면 오랜 세월 축적된 인류의 지식과 지혜가 씨줄 날줄로 얽혀 세상 곳곳에서 오늘을 견고하게 밝히고 있음을 알 수 있다. 감사할 일이다.

좌회전 신호가 들어왔다. 세상의 하모니에 합류하기 위해 가속 페달을 밟고 이른 아침 환경미화원이 쓸어 논 오늘 속으로 출발한다.

꽃

향이 타고 유명을 달리한 이는 말없이 사진 속에서 웃고 있는데 사람들이 꽃을 바치고 있다. 한 송이 두 송이, 향냄새 번지는 영정 앞에 꽃이 놓인다. 죽은 이가 남긴 슬픔을 살아 있는 사람이 눈물로 받아 안는다. 소리 내어 통곡을 하기도 하고 흐느끼기도 하고 어떤 이는 속으로 마른 울음을 삼키기도 한다. 그러나 그렇게 울어도 상주와 조문객의 마음은 바윗덩이를 끌어안은 듯 무겁기만 하다.

죽은 이로 인해 애끓는 산 자의 심정을 어찌 다 언어로 표현할 수 있을까. 오래 전, 아는 사람이 아내와 자식을 한꺼번에 잃어버렸던 적이 있다. 너무나 엄청난 슬픔과 고통을 당한 그 사람에게 사람들은 아무런 말도 할 수 없었다. 뭐라 위로의 말씀을 드려야할지 모르겠습니다. 어떻게 위로해야 할지 모르겠습니다. 정말 마음이 아픕니다. 얼마나 상심이 크십니까. 세상에는 많은 위로의 말들이 있지만 아무 말도 할 수 없었고 대부분 그 사람의 손을 꼭 잡아주는 것과 고인들의 영정 앞에 꽃을 놓는 것 외는 할 게 없었다.

영정 앞에 놓인 꽃은 산 자의 언어로는 전달할 수 없는 오만가지의 마음과 감정을 상주와 망자에게 전달하는 역할을 한다. 언어로는 도저히 표현 못하는 슬픔과 고통, 분함과 원통함, 목울대까지 차오르는 차마 말하지 못하는 감정들을 담아 상주와 망자, 조문객들에게 전하는 전령사 노릇을 순종하듯 해낸다.

인류는 아주 오래 전부터 꽃에게 많은 빚을 지며 살아가고 있다. 슬플 때는 물론 기쁠 때도 언제나 꽃이 함께 했다. 인간이 만든 언어는 인간의 감정과 마음을 표현하는데 한계가 있다. 언어가 해석해 내지 못하는 영역의 감정과 마음을 전달해야 할 때 인간은 꽃에게 의탁했다. 세상에 꽃이 없었더라면 언어로는 제 아무리 해도 뚫을 수 없는 인간과 인간과의 소통장애, 산 자와 망자간의 마음 교환, 영혼 교환을 무엇으로 대신할 수 있었겠는가. 생명이 빠져나가버린 망자가 명부로 가기 전, 잠시 머무르는 빈소에 꽃이 없었다면 떠나는 이나 보내는 이나 그 허망에 얼마나 몸서리쳐야 했을까.

언젠가 작은 다툼으로 서먹서먹한 관계가 된 사람이 있었다. 원인제공을 따지자면 상대 쪽이었지만 그는 관계개선을 위한 노력을 하지 않았다. 상대도 고의는 아니었더라도 자신이 잘못한 것을 알고 있는 것 같았다. 그럼에도 그에 대해 입 다문 조개처럼 입도 벙긋 하지 않았다. 그런 그가 서운하고 얄미워 굳이 먼저 노력하고 싶지가 않아 어색한 상태로 시간이 흐르고 있었다. 그에게나 나에게나 고통스러운 시간이었다.

그깟 자존심이 뭐라고, 잘못했으면 미안하다고 하면 그만이지. 그 말 한 마디를 못해 서로 고통스럽게 산다 말인가. 그런 어색한 상태로 며칠이 지난 어느 날이었다. 느닷없이 그가 소담스러운 꽃바구니를 들고 와 말없이 내밀었다. 의아해하며 꽃바구니를 받았다. 꽃바구니 안에는 작은 쪽지가 꽂혀 있었는데 짧은 내용을 요약하면 '미안해' 였다. 그것으로 관계의 물꼬를 막고 있던 감정의 부산물들이 순식간에 허물어졌다. 서로를 향한 마음이 유쾌하게 다시 흐르기 시작했다.

사소한 것이었지만 그도 자신의 잘못을 잘 알고 있었다고 한다. 하지만 미안하다는 그 말 한마디 하는 것이 차마 힘들더라고 했다. 그래서 생전 처음으로 꽃바구니를 사 보았다고 했다. 활짝 웃는 웃음같이 아름다운 꽃다발을 내밀며 화해를 청해오는데 어떻게 등을 돌릴 수 있겠는가. 괜히 뻣뻣했다가는 오히려 상황이 역전되어 버리기 십상이다.

세상에는 많고 많은 꽃들이 핀다. 봄여름 가을 겨울, 이 꽃이 지고 나면 저 꽃이 핀다. 산에서 피면 들에서도 피고 강에서도 따라

피듯 핀다. 색깔도 색색이고 모양도 다양하다. 꽃을 보고 있으면 마음이 언짢던 사람도 잠시나마 환해진다. 언어가 가진 한계상황들, 세상에 이렇게 많은 꽃들이 피는 것을 보면 말이나 글로는 표현 못 하는 사연들이 많기도 많은가 보다.

꽃은 언어의 한계를 극복하기 위해 조물주가 인간에게 준 선물이 아닐까하는 생각을 해본다. 아니 어쩌면 인간의 내면에는 이미 꽃같이 아름다운 영혼의 언어가 피어 있는 것을 알지 못하기에 꽃을 보고 깨우치라고 보내는 메시지인지도 모르겠다.

그대 오늘 말 못할 사연이나 상황에서 우물쭈물하고 있지나 않은지. 그렇다면 꽃가게로 달려가 꽃 한 다발 사서 그 우물쭈물을 지나가 보시길.

정

영화 『더 파이브』는 남편과 딸을 죽인 범인을 찾아 복수하는 주인공 은아의 이야기다. 은아는 자신의 눈앞에서 남편과 딸이 비참하게 죽임을 당하는 것을 본다. 살인의 현장에서 하반신이 마비되는 참변을 겪고 극적으로 살아남은 그녀는 자신의 손으로 직접 범인을 잡아 복수할 것을 결심한다. 범인에게 자신과 자신의 가족이 당한 것과 같은 고통을 똑같이 겪으며 죽게 하고 싶은 것이다.

범인을 잡기 위해서 은아는 자신을 포함하여 다섯 명의 사람을 모은다. 수소문 끝에 자신의 복수를 도울 네 사람을 구하게 되는데 그들은 모두 은아와 같은 혈액형을 가진 장기 이식을 필요로 하는 가족을 가진 사람들이다. 은아는 자신의 복수가 성공하고 나면 그들에게 자신의 장기를 이식해 줄 것을 약속한다.

그들에게 은아의 복수 따위는 상관없었다. 오직 자신들의 가족을 살리기 위해 그녀의 복수극에 참여할 뿐이었다. 하루 빨리 복수가 끝나 가족을 살릴 수 있기만을 바랐다. 다섯 명 가운데 한 명이 범인에게 죽임을 당한 후 범인을 찾아내고 은아가 원하는 대로 죽일 수 있도록 도와준다.

마침내 은아가 범인의 생명을 앗았을 때 다섯 명 가운데 한 명인 의사가 은아의 목숨을 거두려 한다. 그 순간 나머지 세 사람이 의사를 막는다. 의사 역시 목숨을 거두기 위해 은아를 잡은 손을 떨고 있다. 남편과 딸을 처참하게 죽인 사이코 연쇄살인마를 잡으려는 은아를 도우며 범인을 추적하는 동안 자신들도 모르는 사이 정이 들었던 것이다. 처음에는 오직 장기만 생각하며 그녀의 복수에 참여했지만 어느새 남편과 딸을 잃은 은아의 슬픔을 함께 아파하는 사이가 되어 있었던 것이다. 결국 세 사람이 손 쓸 사이도 없는 순간 은아가 스스로 목숨을 끊어 장기 이식을 받은 가족들이 건강을 되찾는 것으로 영화는 끝이 난다.

수 년 동안 김장을 하지 않았다. 아이들 둘 다 군대에 가고 남편하고 먹어봤자 많이 먹지도 않아 하지 않았던 것이다. 그런데 올해는 남편이 친구들과 직접 심어서 기른 배추도 있고 아들들도 있어 몇 년 만에 김장을 하기로 했다. 김장하는 날은 구포시장에서 방금 삶은 따뜻한 족발을 사 와 가족이 함께 먹기로 며칠 전부터 남편과 약속을 했다.

하루 전 토요일 날, 오전 근무를 끝내고 남편과 배추를 뽑으러 밭으로 가려했는데 급한 업무가 생겨 혼자 가야했다. 열대여섯 포기라 힘 들 것 같지 않았는데 밭에서 뽑은 배추를 한 포기 한 포기 차로 옮기려니 제법 힘이 들었다. 그 뿐이 아니다. 집까지 싣고 온 배추를 대문 앞에 내린 후 다시 집 안으로 옮기고 나니 온 몸이 후들거렸다.

집 안까지 가져온 배추는 저녁 늦게 절여 내일 아침 일찍 건지기로 했다. 배추를 절일 커다란 통과 용도에 맞는 크고 작은 통들을 집 안으로 들여 놓고 장독간에서 간수를 빼고 있는 빛깔 좋은 소금도 들여다 놓으니 해가 내일보자며 인사를 한다. 이래저래 피곤한 몸에 좀 쉴까했더니 남편이 전화로 부부동반으로 가야할 때가 있으니 준비하고 나오란다. 쉬고 싶었지만 남편 얼굴을 생각해 함께 갔다 집에 오니 열한 시, 서둘러 배추를 절이고 나니 어언 새벽 한 시다.

다음 날 아침 일찍, 성당에 다녀올 때를 맞춰 양념 버무리기를 시작하려고 배추를 씻었다. 씻은 배추는 물이 잘 빠지도록 소쿠리에 놓아두고 양념을 버무렸다. 올해는 제법 여러 가지 재료들로 맛을 내어보려는 참이었다. 남편은 친구들과 나머지 배추를 뽑으러 밭으로 가고 없었다.

성당에 다녀와서 김치 담을 통을 늘어놓고 노란 속이 맛있어 보이는 배춧잎에 양념을 바르기 시작했다. 장갑을 끼고 하다 보면 곁에 있는 통이라든가 팔에서 흘러내리는 옷을 올려줄 손이 있으면 편리하고 능률도 배가 된다. 그런데 남편은 점심시간이 훨씬 지나고도 오지 않는다. 이런 날은 빨리 와서 도와주면 좀 좋아. 슬슬 부아가 치밀기 시작했다. 아무리 친구가 좋다지만 몇 년 만에 하는 김장 날인데 모르는 것도 아니고 도대체 생각이 있는 사람인가. 시간이 흐를수록 자꾸 부글거리는 속으로 김장을 끝내니 해거름 녘이다.

빼근한 어깨와 허리로 뒷정리를 끝내고 설거지를 하려하니 남편이 왔다. 술까지 마시고 온 모습에 화가 치밀어 볼멘소리를 내뱉었다. 한 마디 내뱉고도 성이 풀리지 않아 두세 마디 더 내뱉었다. 그래서일까, 남편은 다음 날부터 말을 하지 않았다. 그것은 볼멘소리에 대한 소리 없는 항거요 자신의 잘못을 인정하지 않는다는 것이다. 뭐 낀 놈이 성낸다고 주객이 바뀌어도 한참 바뀌었다. 미안해, 친구들이랑 같이 있다 보니 늦었어. 당신 힘든데 도와주지 못해 미안해하면 될 것을 뭘 잘했다고 묵언 시위를 한단 말인가.

남편의 묵언 시위는 아이들도 익히 아는 바이다보니 사태를 주시하던 아이가 농담반 진담반으로 부부가 말 안 하고 살 거면 이혼하지 왜 함께 사느냐고 한다. 어느새 아이들도 성인이 되어 부모가 이혼해도 지들 삶에는 별 지장이 없을 것으로 받아들이는 모양이다. 난들 왜 안 그러고 싶을까. 헤어지고 싶을 때가 어디 한두 번이며 날개 달린 새가 되어 훨훨 날아가고 싶은 때는 또 없었으랴. 하지만 그게 칼로 무 배추 자르듯이 싹둑 처리할 수 있는 일이던가. 아이가 어렸을 때는 아이들 때문에, 이제는 이도저도 못 해서 살고 있지 않은가. 그러나 무엇보다 이러고도 함께 사는 건 정 때문이지 싶다.

더 파이브에서 은아의 복수에 참여하는 사람들은 가족들을 살리기 위한 절박함에 처해 있는 사람들로 오직 가족을 살리겠다는 생각 하나로 목숨을 걸고 연쇄살인마를 쫓는다. 그러나 의도하지 않은 관계에서 생긴 정 앞에서 그 절박한 일념은 무너지고 만다. 가족을 처참하게 죽인 살인마에 대한 복수를 그리고 있는 더 파이브는 또 다른 각도에서 보면 사람과 사람과의 관계에서 정이 미치는 영향과 기능을 말 하고 있음을 알 수 있다.

사랑보다 더 무섭고 깊은 게 정이라고 하던가. 정이 많을수록 관계의 이음새는 부드럽고 사람과 사람 사이는 촉촉하여 부러지지 않는다. 남편과 부부의 연이 되어 산지도 어언 이십 년이 지났다. 같은 시공에서 같은 음식을 먹고 쌓은 정이 우주 한 모서리에 돌탑처럼 쌓여 있지 싶은 세월이다. 지금의 불편한 관계가 지나고 나면 또 하나의 나이테를 가진 정이 쌓일 것을 생각하며 묵언의 시간을 견딘다.

여름

오늘이 보름인가, 창이 환하다. 휴대폰을 열어 날짜를 보니 음력 십오일, 보름이 맞다. 달을 본 적이 언제였더라. 옆에서 자고 있는 사람 깨지 않도록 살그머니 일어나 문을 열고 밖으로 나간다. 열대야라지만 해가 모습을 감춘 밤이라 밖은 제법 시원하다. 고개를 들고 하늘을 보니 모하나 없이 둥근 달이 예쁘게 떠 있고 구름이 바람을 타고 어디론가 가고 있다. 어둠에 기대어 잠을 자야하는 나무들이 잠자지 않고 달빛을 들이켜고 있다. 낮과는 다른 모양이다. 옛날이나 지금이나 달은 뜨지만 어른이 되고선 통 달을 못 본 듯하다. 사는 게 바빴고 마음이 메말랐음일 게다. 어린 날의 여름밤엔 언제나 달이 함께 있었다.

등목을 하고도 돌아서면 이네 땀이 나던, 선풍기도 제대로 없던 그 때는 주로 평상에서 저녁을 먹었다. 생활이 넉넉하지 않아서이기도 하였지만 불을 지펴 요리를 하던 때다보니 여러 가지 반찬을 만들어야 하는 밥보다는 국수나 수제비가 간편하기도 하였기 때문이다. 남새밭의 호박잎과 참깨이파리들이 무더위에 소금 맞은 듯 축 처져 있든 말든 마당의 분꽃들이 꽃잎을 활짝 열던 저물녘. 감자를 썰어 넣고 끓인 수제비가 펄펄 끓으면 부채를 들고 평상으로 모여 앉아 땀 뻘뻘 흘려가며 한 그릇씩 떠먹으면 세상 행복을 다 누리는 것 같았다. 국수는 가는 국수보다는 쫄깃한 감이 더한 굵은 국수를 주로 삶아 먹었는데 고명으로 올리는 호박은 어김없이 남새밭에서 딴 애호박이었다.

여름 저녁이 어두워지기 시작하면 낮에도 호시탐탐 기회만 노리던 모기들은 자기들의 세상인양 극성을 부렸다. 휘휘 연신 손으로 내저어 쫓아보지만 어느 새 여기 저기 모기한테 물린 살이 부풀어 올랐다. 그럼에도 여름밤은 그냥 자기에는 너무 덥고 정열적이었다. 알 수 없는 사랑이 이루어질 것 같은 예감으로 마음이 부풀어 잠을 자면 아주 소중한 것들이 사라져버릴 것만 같은 느낌이 대기에 가득 차 있었다. 배만 부르면 행복한 시절이었으니 설거지를 끝낸 엄마를 졸라 밤마실을 나갈 때는 강아지가 우리보다 좋아라고 앞장을 섰다.

마당에 핀 분꽃들을 뒤로 하고 엄마 손을 잡은 동생과 함께 앞서거니 뒤서거니 걷는 길가에는 박꽃들이 하얗게 피어났고 개구리 울음소리는 세상 공간을 다 채우고도 남는 듯 했다. 혼자서는 마실을 가지 못하는 강아지는 제 풀에 좋아 내달리고 하늘에선 달이 따라 오면서 우리가 걸으면 걷고 뛰면 저도 뛰었다.

마을 저수지 위에 놓인 다리에는 이미 많은 사람들이 나와 있었다. 이성을 자연스레 대할 수 있는 공동체적 예식이나 서양과 같은 파티가 없는 시골의 소년소녀들은 부모 따라 마실 나온 다리 위에서 자연스레 서로 만나곤 했다. 콧수염이 듬성듬성한 머슴애들과 또래의 여자아이들은 다리 난간에 기대어 별 의미 없는 웃음을 웃으며 서로에 대한 호기심을 키웠다. 청소년들이 서로를 대면할 수 있는 몇 안 되는 기회였다.

한쪽에서는 어른들이 피워둔 모깃불이 하얀 연기를 피워 올리고 저수지에서는 겁 없는 머슴애들이 다리 위에서 물속으로 뛰어드는 소리가 들렸다. 철썩철썩 몸에 달라붙은 모기를 손바닥으로 때려잡는 소리도 들렸다.

모깃불 가까이에 가지고 간 자리를 깔면 매캐한 연기가 눈물을 쏙 빼게 했지만 푸른 쑥이 타는 냄새는 코를 들이대며 맡고 싶을 정도로 좋았다. 웃음 섞인 담소를 나누는 소리가 군데군데 들리고 더러는 앉고 더러는 누워 옥수수를 한 알 한 알 세어 먹다 보면 더위도 그새 한 풀 꺾이어 하나 둘 집으로 돌아가는 사람들이 늘고 주위도 조용해지기 시작했다.

그 때쯤이면 밤도 적막의 본얼굴을 드러내기 시작했다. 때론 아직 돌아가기 싫은 날도 있었지만 제법 서늘해진 밤기운을 두르고 집으로 돌아가는 길에는 외계의 언어 같은 풀벌레들의 울음소리가 잔잔히 깔려 있고 손에는 반딧불이로 만든 호박꽃 등이 들려 있었다.

부산하던 다리를 홀로 두고 집으로 돌아갈 때는 강아지도 가기 싫은지 올 때와는 달리 조용히 걸었고 하늘에선 달이 다시 우리와 함께 집으로 갔다. 이제 막 잠이 든 집들의 지붕은 달빛을 받아 수굿하고 하늘의 달이 마을길 따라 우리와 함께 움직인다는 게 신기했다. 달은 하늘에 있고 우리는 땅에 있어 천지로 떨어져 있었지만 그 시절의 달은 거리를 느낄 수 없을 정도로 친근한 친구였고 어두운 세상을 밝히는 등불이자 늘 함께 하는 동행자였다.

밤이 깊어 먼 곳에 있는 차도를 달리는 자동차 소리도 잘 들리지 않는다. 가족들이 다 잠든 집 마당에서 소리가 사라진 세상이 달빛에 홍건히 젖고 있다. 고개 들어 하늘의 달을 올려다보니 어느새 중년이 훌쩍 되어버린 나와는 달리 달은 옛 모습 그대로 추억이 환한 불을 밝힌다. 달을 향해 오랜만에 안부를 묻는다.

달빛에 치렁치렁한 긴 머리를 감던 고향집 마당의 수양버들은 안녕한지. 다리에서 청춘의 호기심을 꽃피우던 아이들은 어디서 무얼 하며 늙어가는 중인지. 그리고 이승에 계시지 않는 양친은 명부에서 잘 지내시는지. 대답 대신 환한 얼굴로 내려다보며 그간의 이야기를 풀어 놓는다.

역사는 밤에 이루어진다는 말이 있듯 한여름 밤 하늘에 뜬 달은 사물들에 또 다른 정기를 불어 넣어 세상을 슬며시 변모시킨다. 달은 전설을 비롯한 많은 이야기를 품은 거대한 서사시의 전집이다. 아마도 내 사유의 어느 한 줄기도 달에 연원해 있을 게다. 그러므로 나 또한 머지않아 달의 서사시 한 편에 편입될 것이다.

가로등

그곳은 강어귀와 가깝다보니 바다인데도 강 같고 해안가도 강변 같다. 외근을 위해 그곳에 갈 때마다 해안가를 한 바퀴씩 돌곤 한다. 옛날 노 젓던 뱃사공과 나룻배는 사라졌지만 그 흔적은 남아 어딘가에서 전설처럼 살아가고 있을 법도 한 바다. 바다는 볼 때마다 수업을 파한 학교 운동장 같은 고요가 깊지 않은 물에 살랑일 뿐 인적이 드물다. 고깃배 한 척 보이지 않아도 멀지 않은 곳에 무인도인 진우도가 수채화처럼 놓여 있는 그 풍경이 좋아 갈 때마다 두 눈 가득 담아온다.

그런데 오늘 문득 시야에 들어온 것이 해안가의 가로등이다. 시선이 머물러도 마음이 없으면 눈에 들어오지 않는 것인지, 그곳을 오간지가 수년이건만 가로등이 눈에 띈 것은 오늘이 처음이다. 아침의 맑은 대기 속에서 가로등은 핏기 하나 없는 얼굴로 서 있었다. 어둔 밤, 사방을 비추던 생기는 조금도 남아 있지 않고 창백한 얼굴로 자신을 바라보는 사람을 물끄러미 마주 바라보고 있었다. 그 모습이 적막한 곳에서 사람을 만나 반갑다는 표정이 아니라 연민을 불러일으키는 쓸쓸하고 고독한 모습이다.

고개 숙인 모습은 겸손해 보이거나 사색에 잠긴 듯 보이기도 하지만 외롭고 힘없어 보이기도 한다. 별로 크지 않은 키에 고개 숙인 가로등은 힘없고 외로운 모습으로 서 있었다. 그리고 마치 뭔가 할 이야기가 있다고 말하고 있는 것 같았다. 누구에게나 말 못할 사연이 있듯이 누구에게라도 말하지 않으면 숨이 막혀 못 살 것 같다고, 그러니 자신의 이야기를 들어줄 수 없냐고, 잠깐이라도 좋으니 자신이 하는 말을 듣기만이라도 해달라는 것 같았다. 누군들 살다가 숨이 막혀 질식해버릴 것 같던 때가 없을까. 그냥 가버리면 당장이라도 소리 없는 눈물을 뚝뚝 흘릴 것 같아 차를 세웠다.

슬픔과 고통들은 일박 이일로 묶여져 있는 패키지처럼 정해진 기한으로 찾아오는 게 아니다. 시도 때도 없이 찾아오고 예고 또한 없이 다가온다. 그렇게 와서는 상대방 생각은 조금도 하지 않고 셀 수 없는 날들을 적시며 내 몰라라한다. 그러나 축축한 영혼을 데울 마른 장작은 쉽게 찾을 수 없고 젖은 생으로 한기가 스며들어 힘들어 할 때가 많다. 가끔은 오롯이 혼자 있고 싶을 때도 있지만 대개는 누군가의 관심 안에 있고 싶고 그럴 때 존재의 의미를 훨씬 진하게 느낀다.

가로등은 무엇을 말하고 싶은 것일까. 남들 다 잠 든 밤에 두 눈 뜨고 바라보는 풍경은 어떤 모습일까. 남들 볼 수 없는 별별 것들을 보게 되는데 그것이 재미나는 일만은 아니라고 말하고 싶은 것인가. 어젯밤에는 무엇을 보았을까.

실직한 중년의 남자가 등을 활처럼 말고 앉아 안주 없는 깡소주를 마시는 모습이라도 보았던 것일까. 이루어질 수 없는 사랑으로 밤새 눈물을 흘리는 연인들을 보았던 것일까. 아니면 빈방 같은 가슴을 가진 염세주의자가 담배연기 같은 고독을 내뿜으며 한숨을 사정없이 부려놓고 갔던 것일까. 그도 아니면 꿈을 잃어버린 나그네가 길을 찾아 맴돌다 가기라도 했던 것일까. 그래서 참을 수 없는 연민에 슬퍼진 것일까.

자신의 환한 얼굴로도 비추지 못하는 삶의 무게와 불확실한 미래, 환한 빛으로도 밝히지 못하는 생의 무상과 방황들, 그 어둔 고뇌들의 밑바닥까지 밝힐 수 있는 조도의 빛을 가지지 못하는 것이 안타까워 가슴이 막막해졌을 수도 있었겠지. 폐자재 같은 삶의 파편들을 활활 불살라 버릴 장작은커녕 씨불을 지필 성냥개비 하나도 가지지 못한 자신의 무능이 한탄스럽게 느껴졌을 수도 있었으리라. 이도 저도 아니면 남 다 자는 밤에 잠들지 못하는 자신의 숙명에 비애를 느꼈을 수도 있을 터다.

한 집에서 한 솥 밥 먹고 한 이불 덮고 사는 사람의 마음도 알 수 없는데 밤마다 가로등이 보아 온 수많은 사연들을 어찌 알 수 있을까. 아침이 되면 온 몸에 밝혔던 불을 끄고 창백한 얼굴로 고개 숙이는 가로등. 사무실로 돌아갈 시간이 좀 늦어져도 가로등의 이야기를 듣고 가야겠다.

늙은 날의 초상

무생물들도 세월에 반짝임을 내어주고 시간의 흔적으로 덧칠을 한다.
세월의 발자국인 주름은 자신의 역사가 쌓여 있는 타임캡슐이다.
주름 한 겹 한 겹마다 한 겹의 햇살과 한 겹의 사계와 한 겹의 새소리와
한 겹의 빗방울들이 차곡차곡 쌓여 시간으로 발효되어 있다.

늙은 날의 초상

여가수의 얼굴은 너무 젊었다. 나이와 어울리지 않게 얼굴에는 주름 하나 없다. 몸매도 미끈한 게 군살이라곤 없다. 내일 모레가 예순 살이고 또 한 여가수는 예순 셋인데 그녀들의 얼굴은 나이와는 상관없다 항변이라도 하는 것처럼 젊다.

나이 들어가는 것을 좋아하는 사람은 없을 것이다. 세상의 권력과 재력을 다 가진다할지라도 늙음만은 피할 수 없는 게 사람의 한계인데 그녀들의 얼굴은 젊어도 너무 젊다. 나이를 피해 가는 무슨 마법의 힘이라도 가지고 있는 것일까. 아니면 마법의 약이라도 먹고 있는 것일까. 물론 그것은 있을 수 없는 일이다. 누가 봐도 의학의 힘을 빌렸을 것이라는 추측을 쉽게 할 수 있다.

수 년 전부터 거울에 비친 모습을 보면 볼 살과 턱살이 아래로 처진 게 보인다. 아무리 상큼하게 보이려고 애써보지만 얼굴 어느 부위에서도 청순함은 보이지 않고 여자도 아닌 것 같고 남자도 아닌 것 같은 그냥 중늙은이만 보인다. 언제 이렇게 나이 들어 버렸을까. 꽃을 보면 감동 하고 음악을 들으면 눈을 감을 줄 아는, 아직 마음은 푸른 이파린데 어느새 이렇게 나이 들어 버린 것일까.

또래의 친구들을 봐도 저나 나나 나이 들어 보이는 것은 부인할 수 없는 현실이다. 흰머리를 염색하는 친구들도 적지 않다. 다행히 나는 아직 흰머리는 적어 염색은 하지 않는다. 늙어 가는 모습이 서글퍼질 땐 너도 나도 한다는 성형을 해볼까 하는 마음이 문득문득 들기도 한다.

늘어진 볼 살의 팔자주름을 없애면 조금 젊어 보이겠지. 보기 싫은 뱃살은 지방흡입술로 덜어 내고 눈 주위의 자글자글한 주름은 보톡스 주사 몇 대 맞으면 훨씬 낫겠지. 그러나 마음뿐, 용기가 없어서 못 하고 혹 잘못 되면 지금 보다 더 나쁜 결과가 되지 않을까 두려워서 못 하고 남들 손가락질 할까봐 못 한다. 의학의 도움으로 훨씬 젊어 보이는 사람들을 볼 때는 바뀐 용모도 용모지만 그들의 용기와 결단력에 오히려 감탄한다.

그러나 성형의 긍정적 기능에 대해서는 호의적이지만 지나친 성형은 찬성하지 않는다. 세상 모든 생물과 물상은 시간이 지남에 따라 때 맞춰 내어 놓을 것과 받아들일 것이 있다. 나무와 꽃은 물론 무생물인 바위마저 세월이 흐르면 그에 맞게 내놓을 것은 내놓고 받아들일 것은 받아들인다. 꽃은 때 되면 여차 없이 지고 물건도 세월 따라 외피를 갈아입는다.

젊은 날, 펄펄 끓던 패기와 오만할 정도의 용기도 세월이 지나면 조금씩 내려놓아야 한다. 젊음도 한 꺼풀씩 세월의 길옆에 벗어 놓아야 한다. 대신 세월이 주는 작은 깨달음 같은 것을 하나씩 하나씩 인격과 자세, 얼굴로 받아들여야 한다. 제대로 잘 내어놓고 잘 받아들인 사람의 얼굴은 나이 들어 갈수록 참 보기 좋고 평안해 보인다. 그러나 내놓지 않고 받아들이지 않으려고 안간힘을 쓰는 사람의 얼굴을 보면 고단함과 안타까움이 느껴진다.

젊은 날에는 내놓기 힘들 것 같은 불같은 성격과 고집도 스르르 내놓고 나면 자신도 모르는 사이 마음의 평수도 늘어날 것이다. 태어나는 순간부터 나이 들고, 나이 들면서 늙어 가는 그 쉬운 원리를 유독 사람만 쉽게 받아들이지 않으려 한다.

그러한 사람의 심리를 오스카 와일드는 섬뜩하게 그려 놓고 있다. 그의 소설 『도리언 그레이의 초상』은 늙음을 받아들이지 않으려는 사람의 몸부림이 어떤 결과를 가져 오는지 보여 주고 있다. 영원한 미모와 청춘을 기원하는 청년 도리언 그레이는 화가 바질 핼워드에게 자신의 미모와 청춘을 보장해 주는 그의 초상화를 그리는 것을 허락한다.

바질 핼워드가 그린 초상화가 도리언 그레이를 대신하여 늙어 가는 사이 그는 세월이 흐르고 나이가 들어도 변함없는 영원한 미모와 청춘을 가지고 만족한 삶을 산다. 자신과 동년배의 사람들이 늙고 병들어 세상을 떠나도 그는 언제나 젊고 아름다웠다. 그러나 세상을 다 가진 듯이 만족한 생을 살던 그도 어느 날, 남과 달리 늙지 않고 변함없는 자신의 아름다운 모습이 얼마나 불행한 것인가를 깨닫게 되고 결국 스스로 목숨을 끊고 만다. 그가 죽자 자신을 대신하여 늙어 가던 초상화는 그의 젊은 모습으로 변하고 그는 죽어서야 자연스러운 늙은이의 모습을 되찾는다.

늙는다는 게 즐거운 일은 아니지만 어차피 삶의 도정에서 늙음을 피해갈 방법이 있던가. 세상에 자연의 순리를 거스를 수 있는 것은 아무 것도 없지 않는가. 무생물들도 세월에 반짝임을 내어주고 시간의 흔적으로 덧칠을 한다. 세월의 발자국인 주름은 자신의 역사가 쌓여 있는 타임캡슐이다. 주름 한 겹 한 겹마다 한 겹의 햇살과 한 겹의 사계와 한 겹의 새소리와 한 겹의 빗방울들이 차곡차곡 쌓여 시간으로 발효되어 있다.

맛있는 빵은 적당한 시간으로 발효된 밀가루 반죽으로 만들어진다. 발효가 되지 않은 밀가루 반죽으로는 맛있는 빵을 만들지 못한다. 지나침은 부족함보다 못하다고 하지 않는가. 나이 들면서 은은히 드러나야 할 속 깊은 완숙미가 메스에 의해 절단된 나이든 여가수의 너무 젊은 얼굴은 오히려 슬퍼 보인다. 늙은 날의 초상에는 늙어가는 얼굴이 제격이지 않을까.

세탁기 속의 슈베르트

결혼하기 전에 살던 친정집에는 지금은 거의 볼 수 없는 엘피판으로 된 음반이 제법 많이 있었다. 양친을 비롯해 가족 모두 음악을 좋아하다 보니 당시로선 전축도 꽤 괜찮은 게 있었고 베토벤을 비롯해 헨델과 바흐 등, 내로라하는 세계적 음악가들의 클래식 음반들이 상당히 있었다. 물론 해적판인 싸구려 복사판도 있었지만 대개는 런던 필하모니라든가 빈 필하모니가 연주한 라이선스 원판이었다.

덕분에 어려서부터 나는 카라얀, 레너드 번스타인, 게오르그 솔티와 같은 세계 유명 지휘자들의 이름에도 익숙했다. 당시 라이선스 음반은 적은 돈으로 살 수 있는 게 아니었지만 오빠는 돈이 생기면 자신이 좋아하는 음반을 하나씩 사 가지고 왔기에 늘 좋은 음악을 들을 수 있었다.

대기의 체온이 기분 좋게 와 닿는 춘삼월에는 요한슈트라우스의 왈츠들을 틀어 놓고 마당을 쓸었고 낙엽이 한 잎 두 잎 떨어지는 늦가을에는 비제의 모음곡 '아를르의 여인' 을 즐겨 들었다. 그 외에도 베토벤의 전원교향곡과 피아노협주곡 5번, 드보르작의 신세계교향곡과 이태리 민요, 칸소네와 샹송 들을 수없이 들었다. 독서와 마찬가지로 음악에 마음을 실으면 음표들이 눈으로는 볼 수 없는 아름다운 세계로 데려다 주고는 했다.

그러나 결혼을 하고 육아와 가사로 시간 가는 줄 모르고 살면서부터는 음악을 들을 수 있는 마음의 여유가 없었다. 그러는 사이 알게 모르게 음악은 생활에서 밀려나 아득히 먼 곳에 가 버리고 말았다. 가끔 손쉽게 들을 수 있는 시디를 구입해 들을 때도 있지만 옛날에 듣던 그런 여유로움으로 듣는 게 아니다. 요즘은 옛날과 달리 전축이 없어도 엠피쓰리나 컴퓨터, 휴대폰 등, 원하는 음악을 들을 수 있는 방법은 많다. 가장 손쉬운 방법은 휴대폰으로 음악을 다운 받아 듣는 방법이다. 그럼에도 음악을 들을 기회가 옛날 보다 못하니 사는 게 복잡하고 마음이 메말라진 것일 게다.

그런데 생각지도 않은 슈베르트의 음악을 매일이다시피 듣게 되었다. 수 년 전에 바꾼 세탁기가 빨래를 끝내고 나면 높고 맑은 음으로 슈베르트의 송어를 연주하는 것이다. 물을 사용하는 세탁기와 맑은 물에서 노는 송어. 세탁기에 슈베르트의 곡 송어를 넣기로 한 사람의 아이디어가 기발했다. 들을 때마다 더운 날에 대하는 시원한 물같이 참신하다. 깨끗이 씻어진 빨래와 거울같이 맑은 강물, 얼마나 잘 어울리는 이미지의 배치인가. 빨래가 끝났다고 소리 높여 연주하는 음악을 들으면 송어가 헤엄치고 놀 만큼 깨끗한 물이 연상된다. 그렇게 씻어진 빨래를 탈탈 털어 빨래널이에 널다보면 마음의 상쾌함도 배가 된다.

빨래를 하기 위해 세탁기로 들어오는 물은 시내와 강을 흐르고 땅속을 지나 우리 집으로 왔다. 좁은 세탁기 속에서 세상 먼지를 씻어내는 물도 자신이 거쳐 온 먼 산의 추억과 시내와 강에서의 삶을 회상이라도 하는 걸까. 세탁기가 연주하는 송어에서는 시내와 강을 지나온 물이 들려주는 추억도 함께 들린다. 덕분에 깨끗해진 옷가지를 보면 속도와 경쟁에 지친 삶을 잊고 잠시 거울 같은 물이 흐르는 강가에 앉는다. 물에 비친 내 모습을 바라보면 지난날들이 다가온다.

밥 먹고 뛰어 노는 것만으로도 하루가 모자라던 경쟁과 고독을 모르던 시절, 밤이면 형제들과 무슨 이야긴지 끊임없이 나누다 잠이 들던 돌이켜보면 참 행복했던 때였다. 지금은 어렸을 때 보던 거울 같은 강물은 자연 속에서도 내 속에서도 찾아보기 힘들다.

옛날에는 빨래를 시냇가에 가서 했다. 엄마가 빨래하는 것을 볼 때마다 왜 그리 해 보고 싶었는지 몰랐다. 두 손으로 빨래를 자박자박 문지르는 게 마치 재미있는 놀이 같았다. 빨래가 담긴 대야를 인 엄마가 시내로 갈 때면 종종 따라갔다. 돌을 빨래판 삼은 시냇가에 엄마와 나란히 앉아 놀이처럼 옷가지를 문질렀다. 그렇게 문지른 빨래를 물속에 넣고 설렁설렁 헹구면 쉬지 않고 흘러오는 물이 빨래에서 번져 나오는 더러운 물을 이내 깨끗이 만들어 놓았다.

속을 훤히 보이는 맑은 얼굴로 유년과 청년기를 흘러갔던 강물, 그 강물이 이제는 세탁기로 들어와 빨래를 하고 있었던 것이다. 그 사실을 세탁기가 연주하는 송어를 듣고야 알아차렸다. 더불어 고독한 삶을 살다간 슈베르트도 매일이다시피 생각하게 된다.

감당하기 힘든 가난과 고독 속에서 영혼의 맑은 음을 찾아내어 인류의 가슴에 꽃으로 안겨준 슈베르트. 라인강 물속으로 몸을 던지기도 했던 그도 맑은 물과 같은 영혼을 가지고 있었던 것일까. 해서 죽어서도 좁은 세탁기 속에서 우울했던 자신의 생애를 씻어내며 쾌활하게 노래를 부르고 있는 것일까. 덕분에 맑은 강물을 거의 날마다 귀에 담는다. 좁은 세탁기 속에서도 저리 쾌활하게 부활하는, 몸을 입지 않은 슈베르트는 지금 강물처럼 자유롭고 나의 마음은 덩달아 맑은 강가에 앉는다.

거울 같은 강물에 송어가 뛰노네
살보다도 더 빨리 헤엄쳐 뛰노네
나그네 길 멈추고 언덕에 앉아서
거울 같은 강물에 송어를 바라네
거울 같은 강물에 송어를 바라네

진드기들

또 나타난다. 클릭만 하면 똥파리같이 나타나 혈압을 올린다. 도대체 이것들이 어디에 숨어 있지. 환장할 노릇이다. 검색창에 '자동으로 뜨는 광고 사이트 없애기' 라 입력하고 엔터를 친다. 며칠 전 큰 아이가 무슨 파일을 다운로드하고 난 후로 인터넷만 켜면 광고 사이트가 자동으로 뜬다. 켤 때만 그런 게 아니다. 다른 사이트를 검색하거나 기사를 클릭해도 여러 개의 사이트가 동시에 착 착 착 뜬다.

오늘은 무슨 일이 있어도 꼭 잡아내고 말 거다. 제어판에 들어가 해당 파일을 삭제하라. 인터넷 창의 도구를 클릭하고 인터넷옵션을 선택한 후, 고급 탭을 열어 타사의 브라우저 확장 기능사용에 되어 있는 체크를 해제하고 적용을 누른 후 확인을 눌러라. 시작을 누른 후, 실행 창에 regedit이라 입력하면 레지스트리 편집창이 나오는데 거기서 search가 들어 있는 것들을 찾아 삭제 시켜라. 시작을 누른 후, msconfig이라 입력하고 시스템 구성 상자가 열리면 시작 탭을 선택하고 의심되는 프로그램을 삭제하라. 보안 프로그램을 다운 받아 잡아내라.

제어판에 들어가 삭제하는 방법은 고전적 방법이지만 먼저 살펴보기로 했다. 애드웨어로 의심되는 것은 아무 것도 없었다. 복잡하지만 실행 창을 열어 두 번째 세 번째 방법으로 놈들을 잡아내기로 했다. 눈을 쥐어짜듯이 쪼그리고 개미같이 작은 파일들을 읽어본다. 그러나 애드웨어로 의심 되는 이름의 영어 단어는 보이지 않는다. 애드웨어 파일의 이름에는 대개 search나 add, link, shopping, control 등이 들어 있다고 하는데 몇 번을 훑어보아도 그런 단어가 들어 있는 파일은 보이지 않는다.

다시 '자동으로 뜨는 광고 사이트 없애기' 를 입력하고 검색을 해 본다. 한 사이트에 요사이는 광고가 뜨게 하는 프로그램 파일을 교묘하게 숨겨 놓아 잡아내기가 무척 어렵다는 글이 올리어져 있다. 그럴 경우, 시스템을 복원하는 게 가장 좋다고 한다. 하지만 시스템을 복원하면 머리 아프게 해야 할 일이 너무 많다. 가장 많이 쓰는 한글도 다시 깔아야 하고 드라이브에 저장 되어 있는 사진과 그 외 정리해야 할 게 너무 많다.

다시 프로그램 파일을 열어 보았다. 행여 그 속에 애드웨어로 의심 되는 파일이 있는지 꼼꼼히 보았다. 몇 개가 보인다. 그럼 그렇지, 요 나쁜 놈들. 통쾌하게 삭제시키고 컴퓨터를 재부팅했다. 그런데 똑 같다. 어찌 된 일이지. 다시 프로그램 파일을 열어보았다. 애드웨어 파일이 보였다. 나중에 안 일이지만 광고가 자동으로 뜨게 하는 프로그램 파일은 특정한 곳이 아닌 여기저기에 교묘하게 숨겨져 있어 언제고 실행된다는 것이다.

몹쓸 놈의 파일을 잡아내려고 온 몸에 식은땀이 흐를 정도로 고생했는데 결과가 똑 같다니. 정말 미치고 팔짝 뛰며 환장 할 노릇이다. 왜 이름도 얼굴도 알 수 없는 자들의 작당에 이리 고생을 해야 하는지 이해할 수가 없다. 내 컴퓨터를 보이지 않는 곳의 알 수 없는 사람이 마음대로 조작을 한다니 이게 무슨 개 같은 경우란 말인가.

두어 달 전이다. 근무 중에 휴대폰으로 문자가 왔다는 알림소리가 들려 보았더니 모사이트 사용료 19,800원이 결제 되었다는 내용이었다. 하도 많은 정보와 스팸문자들이 오다보니 무심코 넘겼다. 그런데 가만 생각하니 그 사이트에서 결제를 한 기억이 없었다. 휴대폰을 열고 문자를 자세히 보았으나 알 수 없는 곳이다. 요즘 스마트폰은 별별 시스템과 제휴되어 있고 그 회사 이름들 또한 하도 스마트해서 쳐다보면 머리가 어지럽다. 그래서 웬만한 문자는 생각 없이 보고 넘기는 게 다반사다. 그러나 아무리 보아도 그

문자는 나와 상관이 없는 것 같았다.

해당 통신회사 콜센터로 전화를 걸어 문의를 하니 고객님께서 그 사이트의 정보를 이용한 대금이 결제된 것이라고 한다. 나는 그 사이트도 모르고 정보를 이용한 적도 없는데 그게 무슨 말이냐고 했더니 다시 알아보겠다고 한다. 잠시 후 소액자동결제가 된 것 같은데 고객님께서 사용한 적이 없다면 취소해 주겠다고 한다. 그리고 소액결제는 30만 원까지 자동으로 되는데 그 기능을 해지하면 이런 경우를 당하지 않는단다.

나도 모르는 소액결제 서비스는 도대체 누가 해놓았느냐며 당장 해지해 달라고 했다. 또 왜 내가 하지도 않은 결제가 나도 모르게 되느냐, 이건 통신사의 협력 없이는 안 되는 것 아니냐며 항의 비슷하게 물었다. 통신사에서는 한 곳과 결제 서비스 계약을 하는데 그곳에서 많은 군소 업체를 일괄거래하기에 일일이 확인할 수 없어 이런 경우가 발생한다고 설명했다.

그래도 그렇지 어떻게 남의 돈을 본인도 모르게 마음대로 빼내갈 수 있단 말인가. 통장에 있는 돈이 눈에 보이지 않는 정보망에 의해 자동으로 다른 사람의 통장으로 넘어가다니 정말 기가 막힌다. 도대체 남의 돈을 제멋대로 빼가는 인간들은 머리가 얼마나 비상하기에 저런 교활한 방법으로 제 지갑의 돈 빼내듯 훔쳐간단 말인가.

항의를 하려고 해당사이트로 전화를 했더니 미안하다는 말은커녕 서비스해지하고 환불했으니 된 거 아니냐고 오히려 큰 소리다. 도둑이 잡히면 최소한 부끄럽고 미안한 척은 해야 되는 거 아닌가. 그들에게 도덕과 양심은 없었다. 빼앗긴 돈도 돌려받은 터에 달리 어떻게 할 방도도 없어 전화를 끊었지만 화가 풀리지 않았다.

도대체 이런 억울한 사연은 어디에 이야기해야 하나. 분명 범죄 행위인데 해당 기관에서는 왜 방관만 하고 있는가. 아니 해당 기관은 또 어딘가. 내 돈 훔쳐간 것을 도둑맞은 내가 여기저기 전화를 해서 돌려받으면서도 사과 한 마디 듣지 못하고 외려 찾은 돈에 대해 안도의 숨을 쉬어야 하는 이런 희한한 경우가 있단 말인가. 며칠 후 모임에 가서 이야기 하니 나와 같은 경우를 당한 이가 여럿 있었다.

농작물에 진드기가 생기기 시작하면 퇴치하기가 쉽지 않다. 이른 아침이면 눈에 띄는 애벌레와는 달리 진드기는 모래알만큼 작아 잘 보이지도 않으면서 잎을 다 갉아 먹는다. 또한 단단히 방제하지 않으면 끊임없이 생겨난다. 아이티 기술을 악용하여 남이 힘들게 벌인 돈을 교활하고 교묘한 방법으로 빼가는 사람들이 문득 진드기 같다는 생각이 든다.

결국 자동으로 뜨는 광고 사이트를 없애지 못했다. 불편하지만 당분간 이대로 사용하고 한가할 때 꼭 잡아내고 말테다. 겪지 않아도 될 엉뚱한 일을 당한 억울한 사연을 하소연 할 데 없는 마음이 진드기들에 뜯어 먹힌 이파리 같은 날이다.

겨울 이야기

칼바람과 눈과 얼음 속에서 지리산의 2차공세가 끝났다. 1월이 다 저물어 있었다. 이해룡은 지칠 대로 지친 대원들을 이끌고 뱀사골을 벗어나 날라리봉으로 이어지는 주능선에 섰다. 바람이 거칠게 몰아치고 있는 속에 눈에 묻힌 수많은 골짜기들과 겹겹으로 이어져나가고 있는 봉우리들이 아득하게 눈 아래 펼쳐져 있었다. 그 지리산의 자태는 장엄하기도 했고, 황량하기도 했다. 아, 저 많은 골짜기들 속에서 이번에는 또 얼마나 많은 목숨들이 죽어갔는가……. 이해룡은 눈 덮인 골짜기들과 봉우리들을 멍하니 내려다보고 있었다. 그의 눈앞에는 흰 눈을 붉게 물들이며 죽어간 동지들의 모습이 떠오르고, 귀에는 총소리에 뒤엉킨 동지들의 울부짖음과 비명이 들려오고 있었다.

이번에도 대원들을 반 이상 잃어버렸다. 그들은 토벌대에게 죽어간 것만이 아니었다. 얼어 죽고, 굶어 죽은 사람들이 지난번보다 더 많았다.

— 10권 167쪽에서

임걸령에서 피아골로 접어들자 빨치산들이 입은 피해가 드러나기 시작했다. 네이팜탄의 공격을 당해 시커멓게 타죽은 시체들이 눈 위에 나뒹그러져 있었다. 어느 비탈에는 대여섯 명이 총을 갖지 않은 채 몸들이 벌집이 되어 죽어 있기도 했다. 토벌대는 빨치산들의 총을 가져가는 법이 없었다. 그들은 환자트의 환자들이 분명했다. 어느 곳에는 총을 껴안은 채 잠든 듯 혼자 죽어 있는 빨치산도 있었다. 선 떨어진 대원일 것이었다. 또 어느 곳에서는 불 피운 흔적을 남겨놓고 서너 명이 죽어 있기도 했다. 추위를 견디다 못해 불을 피우다가 당한 참변이었다. 그들은 그런 장면들을 아무 소리 내지 않고 묵묵하게 지나치고는 했다. 그러나 그들이 발을 멈춘 곳이 있었다. 전홧줄로 친친 묶어서 시커멓게 태워 죽인 시체들 앞에서였다. 시체는 모두 넷이었는데, 거기에는 여자가 하나 끼어 있었다. 그들은 모두 말이 안 나오는 충격을 받았고, 그리고 불길 같은 분노를 느꼈다. 시커멓게 타 죽어 간 동지들의 고통이 그들의 가슴을 푸들푸들 떨리게 했다.

— 10권 169쪽에서

조정래 작가의 『태백산맥』 일부분이다.

경제적 환경이 풍부해진 요즘은 추운 겨울에만 느낄 수 있는 낭만을 이야기하기도 하지만 지금도 삶이 빠듯한 사람들에게 겨울은 춥고 살기 힘든 계절이다. 속이 비면 추위가 더 춥게 느껴지듯이 부유하지 못한 사람들의 겨울은 황량하기 그지없다. 사방을 둘러보아도 무채색인 화폭, 그 썰렁한 화폭 속을 폭군처럼 종횡무진

설쳐대는 강추위. 희망을 노래하던 새들마저도 잘 보이지 않는 하늘은 더욱 휑하다. 하루하루의 삶 자체가 전쟁인, 따뜻한 아랫목과 먹을 것을 제대로 가지지 못한 사람들의 겨울은 황량함과 휑함을 넘어 고통에 가까운 시간의 연속일 것이다.

시대적으로도 가난하던 때인 1950년대는 전쟁까지 겹쳤으니 하루 먹을 양식조차 제대로 구하지 못하고 살아가던 일반 민중들의 삶이란 얼마나 핍진했을 지 상상하기도 힘 든다.

더욱이 먹을 것도, 추위를 막으며 입고 벗을 옷도, 육신을 놓을 자리도 하나 없이 쫓기고 쫓기는 이들에게야말로 겨울은 인간이 견딜 수 있는 한계상황으로 닥쳐왔을 것이다. 게다가 겨울산은 냉정하고 잔인하기까지 하지 않는가. 잎들을 죄다 밖으로 내다버린 냉정한 나무들만 거느리고 있는 겨울산은 쫓기는 몸을 잘 숨겨주지도 않았을 것이다. 그러니 적에게 노출 될 위험도 몇 배나 컸을 것이다.

온통 눈 천지가 되어버린 지리산의 살을 도려내는 추위 속에서 빨치산들은 굶주림을 잊으려 손으로 내린 눈을 퍼 먹고 낙엽으로 강추위를 쓸며 오로지 목숨만으로 생을 견뎌나갔다. 빨치산을 쫓는 국군도, 혁명과 이념을 위해 쫓기면서도 목숨을 아까워하지 않던 그들도 같은 언어를 사용하는 같은 나라 사람이었다.

일제강점기 때 꼬이기 시작한 겨레의 얼 위에 외세가 개입되면서 자라난 분열된 이념. 그 이념이 만들어 놓은 보이지 않는 장벽으로 나뉘어져 서로 싸우던 싸움은 형태와 강도만 바뀌었을 뿐 아직도 계속되고 있다. 천안함 폭파와 연평도 포격 등 분단으로 인한 분쟁은 수시로 일어나고 있다. 겨레의 겨울은 아직 끝나지 않은 것이다.

3월 끝자락을 지나는 세상에는 활짝 핀 벚꽃이 사람들의 마음을 온통 하얗게 뒤흔들고 있다. 자연의 겨울은 순리대로 왔다가 순리대로 가기에 끝이 있다. 그러나 사람이 만들어내는 겨울은 끝자락이 잘 보이지 않는다. 며칠 전, 천안함 폭파 2주기 추도식이 국가적 차원에서 거행되었다. 세상에 와서 한 번 피어보지도 못하고 영면한 청년들의 죽음이 다시 한 번 혈육과 온 국민의 가슴을 울린다.

툭하면 슬픔의 한파를 몰고 오는 겨레의 이 겨울은 언제쯤 지나갈까. 봄은 아직도 까마득히 먼 곳에 있을까. 어서 이 가슴 아픈 겨울이 지나고 꽃바람 웃음바람이 휴전선을 지워버리는 봄이 왔으면 좋겠다.

세월

추석이 가까워오고 있다. 칠월 보름인 아버님 기일이 내일 모레니 한 달여 남았다. 예전과 달리 명절이 가까이 다가오면 벌써부터 긴장이 된다. 하는 음식이 똑같고 차례 지내는 것도 똑같은데 마음이 무거워지는 것을 보면 한 해 한 해 나이 드는 것은 못 속이는가 보다.

요즘은 집안 제사를 일 년에 한번만 모아 모시는 집들도 적지 않다하는데 우리 집도 그랬으면 좋겠다는 생각을 해 본다. 그러나 남편을 비롯한 시집 형제들은 그리하고 싶지 않은 눈치다. 해서 제사를 한 날에 모아 모시기는 잘 될 것 같지 않다.

명절이 가까워지면 며칠 전부터 장을 본다. 전통시장에서 사 온 생선과 어전거리는 냉동실에 넣어 두고 북어며 오징어 같은 마른 제수용품 들은 며칠 뒤에 장만한다. 이틀 전에는 나물거리며 두부, 육류와 과일 등속의 나머지 제수용품을 사 온다.

주부라면 다 알겠지만 장을 보았다고 끝이 아니다. 사 온 물건들을 집 안으로 나르고 정리하는 일도 만만치 않다. 마른 제수용품들은 벌레가 들지 않게 잘 밀봉하여 베란다에 두고 생물은 상하지 않게 냉장고에 넣어 둔다. 그동안 냉장고에는 다른 음식을 넣을 공간이 없으니 일상이 불편해진다. 이 또한 명절 무렵이면 겪는 것 중 하나다. 장을 보고 정리를 하는 게 얼핏 일도 아닌 것 같지만 끝내고 나면 팔다리에 힘이 빠진다.

명절 당일은 아침 여섯 시경부터 차례 모실 준비를 한다. 세수를 한 후 제일 먼저 쌀을 씻어 불려 놓고 제기를 꺼낸다. 동서와 둘 중 한 사람은 물푸레나무와 옻나무로 만든 제기를 행주로 닦고 한 사람은 거실바닥을 닦는다. 쌀이 다 불리어지면 밥솥의 취사버튼을 누른 후 탕국을 준비하여 가스레인지에 올리고 불을 붙인다. 그동안 과일을 씻고 상에 올릴 음식들을 준비한다.

잘 닦은 거실에 차례상을 펴고 행주로 깨끗이 훔치고 나면 남편과 아이들은 옷을 갈아입고 매무시를 단정히 하여 차례 모실 준비를 한다. 묵해 선생의 글씨가 씌어져있는 병풍은 삼촌이나 남편이 둘러준다.

일곱 시쯤 되어 차례상이 거의 차려지면 모두 경건한 마음으로

상 앞에 모여 선다. 차례상의 대들보인양 양쪽에 서 있는 초에 불을 밝히고 조상을 부르는 향을 피우면 겨레가 수천 년 이어오는 의식인 차례가 시작된다. 방안 가득 감도는 향내 속에서 선조들의 혼백을 향해 경견한 마음으로 민족의 돌림노래인양 이어받은 절을 올린다. 남편이 술을 바치고 나면 삼촌이, 다음은 순서대로 돌아가며 술을 바치고 절을 올린다.

차례가 끝이 나면 가족들이 먹을 아침상을 간단히 차려 내고 동서와 함께 상을 치우고 설거지를 한다. 그동안 다른 가족들은 아침을 먹는다. 가족들이 식사를 끝낼 때쯤 일을 마친 동서와 내가 허둥지둥 한 술 뜨고 나면 아홉 시 가까이 된다. 숨 돌릴 새도 없이 옷을 갈아입고 매무시를 정리한 후 차에 오르면 부모님 산소를 향해 비로소 출발한다.

차를 타고서야 마음을 놓는다. 차가 밀리면 더 걸리기도 하지만 보통 세 시간이면 산소에 도착한다. 산소까지 가는 동안 차 안에서 잠을 자며 휴식을 취한다. 결혼 하고 한 번도 빠짐없이 되풀이 하는 명절 스케줄이다. 늦게 출발하면 오가는데 그만큼 고생을 하기에 일찍 나선다.

정오쯤 산소에 도착해 준비해 간 음식으로 차례를 올리고 벌초를 마치면 서둘러 집으로 돌아오기 바쁘다. 서너 시간 달려 간 것에 비하면 성의 없고 간단하기 그지없는 성묘다. 돌아올 때는 도로에 차가 많이 밀려 갈 때와 달리 시간이 곱으로 걸린다. 그래도 예전에 비하면 덜 밀리는 편이다. 예전에는 집에 돌아오면 거의 밤 열두 시였는데 요즘엔 어둠살이 낄 무렵이면 도착한다. 새로 생긴 도로와 수많은 정보들로 차량이 분산됐기 때문일 게다.

집에 도착하면 씻는 것이고 뭐고 그냥 방바닥에 벌러덩 드러눕고 싶지만 저녁상 준비가 기다리고 있다. 덩달아 정신없이 한 술 뜬 후 설거지를 끝내고 나면 피곤도 도가 넘어 잠도 잘 오지 않는다. 음식도 그냥 기운 차리기 위해 먹지 맛으로 먹는 게 아닐 정도니 명절은 하루를 가장 밀도 높은 노동으로 쓰는 날이다.

설날도 추석도 그렇게 명절 당일을 보낸 다음 날은 손님들이 온다. 어릴 때는 명절에 손님 오는 게 좋았다. 일가들이 모여 꽃 피우는 왁자한 분위기가 좋았고 용돈 받는 재미도 쏠쏠했다. 그러나 나이 들어가는 요즘은 손님 오는 것도 그리 반갑지만은 않다. 사람을 싫어해서가 아니라 일이 무서워서다. 오는 손님들도 시집에서 명절 일을 하고 온 사람들이니 지치긴 매한가지다. 그러니 얼굴이 함박꽃인 아이들과는 달리 어른들은 명절 행사쯤으로 얼굴을 대하는 꼴이 되어버린다.

세월에 장사 없다더니 몸만 따라주면 일 년에 두 번인 명절, 일도 아닌데 생각하면 서글프다. 오랜만에 보는 피붙이들과의 만남도 정겹지 않은가. 내 어릴 때처럼 아이들은 왁자한 집안 분위기에 사촌들과 얼마나 재미있어 하는가. 세월은 마음은 제자리에 두고 몸만 시들게 하여 이 모든 것을 달갑지 않게 만들고 있다.

세월에 순종하고 싶지 않은 몸이 추석을 앞두고 벌써 일 걱정을 앞세운다.

고개 숙인 사람들

모두가 고개를 숙였다. 유사 이래 이리 많은 사람들이 고개를 숙인 적이 있었을까. 집에서도 식당에서도 전철에서도 심지어는 운전을 하다가도 고개를 숙인다. 벼는 때가 되어야 고개를 숙이지만 지금 사람들은 남녀노소 가리지 않고 시도 때도 없이 고개를 숙인다. 상대를 공경하는 겸양으로 숙이는 거라면 얼마나 좋을까.

오랜만에 가족과 외식을 하러 갔다. 자리에 앉아 주문을 하고 보니 벌써 아이들은 고개를 숙이고 있다. 옆에 앉은 남편을 보니 남편도 고개를 숙이고 스마트폰을 쳐다보고 있다. 달리 눈 둘 곳이 없어 나도 새까만 스마트폰을 깨우고 화면을 불러내기 위해 잠금해제 그림을 그린다.

새로운 소식이 있나 카카오스토리 아이콘을 터치한다. 아는 이들이 올린 사진과 글이 올라와 있다. 간단하게 적혀 있는 글과 사진을 보고 그에 맞는 댓글을 단다. 조금 있으니 내가 단 댓글에 글을 올린 이의 답글이 달렸다는 신호가 온다. 다시 본다. 재미있다. 다시 댓글을 쓰고 답글을 달고 서로 주거니 받거니 하며 어중간한 시간을 메운다.

아이들은 다르다. 아예 머리를 아래로 박고 두 손가락을 빠르게 놀린다. 일찍이 저렇게 집중을 한 모습을 본 적이 없다. 공부를 저리 집중해서 열심히 했더라면 통칭 일류 대학이라는 곳도 가고 어깨에 힘주는 직업도 가지고 남았을 게다. 한소리 내뱉고 싶었지만 세태가 그러니 뭐라고 할 수도 없는 노릇이라 내버려둔다. 식당 안을 둘러보니 우리 가족뿐만 아니라 대부분의 사람들이 고개를 숙이고 열심히 스마트폰을 들여다보고 있다. 아이 어른 할 것 없다. 주문한 음식이 나오고 식사를 하면서도 마찬가지다. 밥 한 술 뜨고 고개 한번 숙이고, 대단한 풍경이다. 가뜩이나 서로의 생활 패턴이 달라 공감대를 형성하는 대화가 부족한데 이젠 아예 고갈이다.

터치 한 번으로 지구가 손안에 들어오는 귀신같은 별 희한한 시대를 우리는 살아가고 있다. 세상 소식을 손바닥 안에서 알아챌 수 있고 원하는 물건도 터치 한 번으로 내 앞에 대령시킨다. 부귀영화를 누렸던 옛 왕들보다 호사스러운 생활이다. 초등학교 아이에서부터 노인에 이르기까지 스마트폰을 안 가진 사람이 이상한 눈빛을 받을 지경이니 옳고 그름의 기준이라는 것도 상황과의 상관관계에서나 형성되는 개념임을 다시 한 번 생각한다.

그런데 이 풍요한 세상에서 사람들은 왜 외로울까. 우리나라의 자살률은 OECD국가에서 1위라고 하지 않는가. 역설적으로 사람들은 복잡하고 세분화된 사회에서 안절부절 느끼는 외로움을 잊기 위해 스마트폰을 하는지 모른다. 없으면 안 될 필수품으로 스마트폰을 사용하는 사람이 몇이나 될까. 대부분은 오락기능과 소셜네트워크 기능을 위해 사용하는 빈도가 더 높을 것이다.

그러한 행동의 기저에는 타인과 정을 나눌 수 없는 현대인들의 소외라는 어두운 그림자가 깔려 있을지 모른다. 적어도 스마트폰을 할 때만은 그 어두운 감정을 잊을 수 있으니 무의식적으로 스마트폰으로 고개를 숙이는 것은 아닐까. 물론 요즘처럼 바쁜 세상에 직접 만나지 않고서도 사통팔달 열려 바로바로 소통할 수 있다는 점은 바람직하다고도 할 만하다. 그러나 그러한 간접 소통은 직접 얼굴 보고 대화할 수 있는 기회를 점점 줄여버린다. 그래서 사람들은 더 가까이 할 수 없고 서로 간에 인정을 쌓을 기회도 점점 줄어 외로움은 더 늘어날 수밖에 없다. 해서 더욱더 스마트폰을 향해 고개를 숙일 수밖에 없는 순환이 이어지는 것인지 모른다.

스마트폰의 기능들은 프로그램을 만든 몇몇 사람들의 머리에서 나온 것이다. 그런데 그 몇몇 사람들이 만든 각본에 따라 전 국민이 움직이는 것을 보면 마치 꼭두각시놀음을 보고 있는 듯하다. 기계에 입력해 놓은 프로그램대로 우리 삶이 이리저리 끌려가고 있으니 애초 편리를 위해 개발한 기계가 사람을 조종하는 꼴이 되었다. 디지털 혁명을 피해갈 현대인은 거의 없을 것이다.

그러나 고개를 숙이면 무엇보다 건강에 해롭다고 하니 큰 문제다. 거북목이나 일자목이 되어 디스크에 걸릴 위험이 있고 두통을 유발하거나 원활한 신진대사를 방해받기도 한다니 건강관리 차원에서도 횟수를 줄이지 않으면 안 될 것이다.

사람이 고개를 숙이는 경우는 상대에 대한 공경을 표할 때나 사색에 잠길 때, 아니면 실의에 빠져 있거나 항복이나 잘못을 인정할 때다. 스마트폰을 사용하는 사람들 대부분은 흥미 위주인 쾌락을 즐기거나 무료함을 위해서 고개를 숙인다.

식사를 하고 있는데 스마트폰이 장난스런 소리로 '카톡' 한다. 카카오톡으로 보낸 문자가 도착했다는 알림이다. 화면을 밀고 내용을 보니 '다들 뭐하세요. 저녁은 드셨나요.' 하는 안부다. '네 지금 먹고 있어요, 선생님은요?' 뭐 이런 내용을 또 주거니 받거니 한다. 이런 간단한 안부 소통이 때론 심심한 일상의 숨구멍을 틔워주기도 한다. 그러나 마치 스마트폰이 삶의 전부인양 온 시간을 쏟아 고개를 숙이는 것에 대해서는 진지하게 생각해 봐야 될 때다. 사람의 모습은 고개 숙인 때 보다는 환하게 웃는 얼굴로 정면을 바라볼 때가 희망적이고 더 아름답다.

나이 들어간다는 것

흙을 너무 쉽게 보았던 것이다. 속없는 사람처럼 손으로 만지면 손가락 사이로 스르륵 빠져 흐르고 물을 섞어 반죽을 하면 동그랗든 각지든 원하는 모양대로 꼴을 만들 수 있으니 속된 말로 흙을 물로 본 것이다.

며칠을 지나 어렵게 어렵게 마르기 시작한 방바닥은 날이 갈수록 오랜 가뭄에 갈라진 논바닥처럼 쩍쩍 갈라지는 게 입을 딱 벌어지게 했다. 황토를 깔기로 하고 쇠뿔도 단김에 뽑는다며 인터넷을 검색해 당일로 흙을 배달해 올 때까지는 마음이 한껏 들떠 있었다. 배달되어 온 흙을 마당에 부려 놓고 황토로 방바닥을 만들 것을 생각하니 벌써 몸이 건강해지는 것 같은 기분이었다.

다음 날이 일요일이라 남편과 바로 작업을 시작했다. 호미로 황토를 곱게 부수고 물을 부어 갰다. 물을 빨아들인 황토는 본디 색보다 더 붉은 색을 띠었다. 요즘 스마트폰의 카톡 알림 소리만큼 많이 듣는 소리가 힐링이라는 단어다. 황토가 사람에게 좋다니 바라보기만 해도 힐링이 시작되는 것처럼 온 몸의 세포들이 환히 웃는 듯했다. 살갗에 닿는 산에서 바로 캐 온 생흙의 느낌이 다소 거칠긴 하였지만 좋았다.

이갠 흙을 대야에 담아 방으로 가져왔다. 한 뭉텅이 한 뭉텅이씩 손으로 바닥에 놓고는 미장하는 칼로 평평하게 폈다. 제법 반듯한 방바닥 모양이 되었다. 보기만 해도 흐뭇했다. 이대로 며칠만 있으면 몸에 좋은 황토방이 만들어진다니 이제 집에서도 힐링을 할 수 있는 공간이 생기는 것이다. 마음이 들떠 매일 아침 눈 뜨자마자 방을 보러 갔다.

물로 갠 황토는 더디 말랐다. 이틀이 지나도 마를 생각을 하지 않더니 사나흘이 지나고서야 허옇게 마르기 시작했다. 어느 정도 마르기 시작하자 갑자기 거북등처럼 갈라지기 시작하더니 완전히 말랐을 때는 그 정도가 말할 수 없을 정도로 심각했다. 어떻게 해야 하는지 방법을 몰랐지만 남아 있는 황토를 묽게 반죽하여 갈라진 틈 사이사이로 밀어 넣어보기로 했다. 쉬운 일은 아니었지만 완성된 방을 생각하며 작업을 했다. 다음 날 보니 틈이 많이 좁아졌을 뿐 그대로였다. 십여 일이 지나고서도 끝이 보이지 않았다. 처음과 달리 소금 맞은 채소마냥 마음이 시들해지며 지치기 시작했다. 괜한 짓을 하여 일만 벌여 놓게 된 것 같은 생각이 들었다.

흙은 우리가 원하는 대로 되지 않았다. 말랐을 때 비비면 가루가 되고 그 가루에 물을 부어 반죽을 하면 손으로 빚는 모양대로 순순히 따라 주는 흙. 장난감이 귀하던 어린 시절에는 진흙과 찰흙, 황토 같은 흙은 멋진 장난감이었다. 때론 사람이 되었다가 그릇이 되기도 하고 때론 음식이 되어 우리 앞에 놓이기도 했다. 떼쓰지 않고 순하게 장단을 맞추어 주던 흙이라는 생각만 하고 있었는데 그것은 흙에 대한 단편적인 사실에 불과했다.

반죽한 황토가 마르면서 생기는 틈을 없애기 위해서는 짚을 넣어야 한다는 것을 알고 있었지만 방바닥쯤이야 괜찮을 거라 생각했던 것이 잘못이었다. 세상 일이 만만한 게 있을까만 흙을 너무 쉽게 보았던 것이다. 흙뿐이랴. 사람 또한 마찬가지일 게다. 매사에 사람이 좋아 보여 이래도 좋고 저래도 좋을 것 같은 사람에게는 자신도 모르는 사이 넘어서는 안 될 선을 넘어 결례를 범하는 경우가 있다. 흙이든 사람이든 본디 그가 가지고 있는 고유성을 존중해야 한다는 사실을 황토가 다시 한 번 가르쳐준다.

결국 반지랍게 완성하는 것은 단념하고 최대한 틈을 없애기로 마음을 고쳐먹었다. 황토를 채에다 곱게 내린 후 빗자루로 갈라진 틈새에다 쓸어 넣었다. 그러기를 며칠 반복하였지만 틈을 완전히 메울 수는 없었다. 더 이상 방법이 없는 것 같았다. 노동의 경중을 떠나 일을 벌여 놓고 보름 정도 집 안팎을 어수선하게 해 놓고 보니 진이 빠져 더 이상 하고 싶은 신명도 나지 않았다.

그러고 보면 제비나 까치들의 집짓는 기술은 놀라울 정도다. 제비는 흙과 지푸라기를 고루 섞어가며 집을 짓는다. 하여 틈새가 쩍쩍 갈라지지 않는다. 까치 또한 집을 지을 때는 나뭇가지를 어슷어슷하게 쌓아서 한쪽으로 쏠려 넘어지는 것을 막는다. 가르치지도 않았는데 참으로 신기하다. 가까스로 방을 완성하고 남편과 함께 웃었다. 배우지 않고도 멋지게 흙집을 짓는 날짐승들 보다 우리가 훨씬 못하는데 왜 인간을 만물의 영장이라고 하는지 모르겠다면서.

황토로 바닥을 만든 지 보름 만에 장판을 깔았다. 시멘트로 마감을 한 바닥처럼 반지랍지는 못하지만 그런대로 마음에 들었다. 흙이 깔려 있으니 바닥도 폭신한 느낌이다. 실제로 황토가 몸에 어떤 영향을 미치는지는 알 수 없지만 기분은 이미 힐링이 되는 듯한 느낌이다.

나이 들어간다는 것은 세상에 대한 사소한, 그렇지만 결코 사소하지 않은 깨침을 넓혀가는 것이라는 생각이 든다. 그래서 조금은 넓어진 안목으로 세상과 사물과 소통하는 법을 익혀 겸손의 지혜를 조금씩 쌓아가는 것인 듯하다. 난데없는 황토방 만들기를 하면서 흙에 대한 이해를 조금 넓혔지 싶다.

두 얼굴

눈길 주는 곳마다 꽃천지다. 아름다운 것을 많이 보니 덩달아 세상도 좋아 보인다. 그러나 꽃천지인 세상과 달리 요즘 몸이 부쩍 노곤 했는데 오늘부터 제 컨디션을 찾아가는지 가벼워지는 듯하다. 며칠 쉰 운동을 하려고 헬스장에 갔다. 러닝머신과 기구 운동 서너 가지를 합해 두세 시간 운동을 하고나니 몸이 한결 상쾌하다. 상쾌한 몸과 마음으로 바라보는 꽃들은 더욱 아름답다.

오랜만에 가벼운 몸과 마음으로 돌아와 대문 앞에 주차를 하려고 보니 앞 쪽에 낯선 차 한 대가 서 있다. 눈에 익지 않은 차다. 가만히 보니 사람이 타고 있다. 주차를 하고 문을 열려고 하는데 차 안에 있던 사람이 문을 열고 내린다. 그리곤 물휴지 같은 것으로 차창과 문, 차체를 닦기 시작한다.

도로와 담을 끼고 있는 우리 집주변은 낮이나 밤이나 이웃 차량들이 수시로 주차를 한다. 오늘처럼 낯선 차량이 주차해 있기도 하는데 주위에 사는 이웃을 방문한 차이거나 볼일 때문에 지나는 사람들이 주차해 놓은 것이다. 도시가 아니라도 요즘은 주차 때문에 겪는 불편이 적지 않다. 몇 년 전만해도 주차할 때가 넉넉했는데 이젠 집집마다 차를 소유하다 보니 어떨 때는 내 집 대문 근처에서도 주차할 공간이 없어 애를 먹는다.

길을 끼지 못한 곳에 사는 사람들은 모두 길가에 주차를 한다. 날이 갈수록 차를 사는 사람은 늘어나는데 주차 공간은 그대로니 답답하다. 내 땅은 아니지만 내 집 대문 근처에 차를 주차할 수 없을 때는 괜히 짜증이 난다. 하지만 어쩔 수 없다. 주차할 공간이 부족한 것을 어떻게 하겠는가. 괜히 내 자리 네 자리 운운하며 언짢은 소리 했다가 잘못하면 이웃 간 정리가 상할 수도 있다. 간간히 들려오는 주차 문제로 인해 벌어지는 끔찍한 사건들을 떠올리면 그냥 참는 게 상책이다.

그런데 주차만 하고 고이 가면 그나마 고맙다. 툭하면 차 안의 잡다한 쓰레기들을 버려 놓고 가는 것이 머리꼭대기까지 열을 오르게 한다. 담벼락 주위에는 수시로 담뱃갑이며 휴지 조각, 각종 페트병이나 음료수깡통들이 널브러져 뒹군다. 대문 밖 정리와 청소는 담장 안에 사는 내 몫이다.

한두 번도 아니고 사람들이 몰래 버리고 간 쓰레기를 보고 있으면 속이 부글부글 끓는다. 화가 나서 며칠을 내버려 둔다. 그러나 자기 집 담도 아닌데 누가 쓰레기를 치우겠는가. 며칠 방치하다 결국 내가 치운다. 계속 지저분하게 내버려 뒀다간 다른 사람들마저 쓰레기를 보태고 가기 때문이다.

쓰레기를 버리는 사람들은 절대 남이 볼 때는 버리지 않는다. 보는 눈이 없을 때 슬그머니 버리고는 안 그런 척 가버린다. 어디 한 번만 버리는 게 눈에 띄기만 해 봐라, 가만 두지 않을 테다. 그러나 딱 한 번을 제외하고는 쓰레기를 버리는 현행범을 발견하지 못했다.

어느 날 무심코 대문을 열고 나갔는데 서울 번호를 단 낯선 차 한 대가 주차해 있었다. 시동이 켜진 채 운전석에는 사람이 타고 있고 창문 밖에는 금방 버린 듯한 담뱃갑이 떨어져 있었다. 깨끗하고 찌그러지지 않은 것으로 보아 운전석에 앉아 있는 남자가 방금 버린 것이라는 직감이 들었다. 왜 쓰레기를 남의 집 앞에 버리냐고 했더니 전화 통화를 하던 남자가 알겠다는 표정의 뉘앙스를 비쳤다. 도로 주워가겠다는 뜻인가.

그러나 통화는 쉽게 끝나지 않았다. 주변을 서성이며 남자가 전화 통화를 끝내고 담뱃갑을 주워 가기를 기다려보았지만 언제 끝날 줄 몰라 대신 담뱃갑을 주워 남자의 열린 차 안으로 던져 버렸다. 마음 같아선 그 보다 더한 모욕도 주고 싶었지만 세상이 워낙

험하다보니 사실 담뱃갑을 던지면서도 속으로는 겁이 났다. 남자는 통화를 하면서 날 한 번 쳐다보았다. 다행히 더 이상의 행동은 없었다. 사람들이 말이야 남의 집 대문 앞에 주차하는 것만 해도 고맙게 여겨야지 어디 얌체처럼 쓰레기까지 버리기는 버려. 혼잣말로 중얼거리며 대문을 쾅 닫고 안으로 들어와 버렸다.

그 날이 생각나서 시동을 끄고 잠시 동안 차를 닦고 있는 남자를 바라보았다. 분명 저 남자도 차를 닦은 휴지를 대문 옆에 버리고 가겠지. 그런데 얼핏 남자를 보니 교양 있어 보인다. 그 교양으로 추측해보아 남의 집 대문 주위에 쓰레기를 버릴 사람 같지는 않아 보인다. 아저씨 차 닦고 난 쓰레기 대문 주위에 버리고 가시면 안 됩니다라는 말이 목구멍까지 나왔지만 남자가 풍기는 교양을 믿고 그냥 집으로 들어갔다. 다음 날 아침 대문 밖에 나가 보니 남자가 차를 닦았던 휴지들이 지저분하게 나뒹굴고 있었다. 에이 역시나 썩을 인간 같으니! 이럴 줄 알았으면 어제 '쓰레기 버리고 가면 안 된다' 고 말이라도 할 걸.

스티븐슨의 『지킬박사와 하이드』에는 인간의 양면성이 적나라하게 드러나 있다. 그는 인간의 양면성을 인간 일반의 성격으로 보고 있다. 대문 주위에 나뒹구는 쓰레기를 보면 그러한 인간의 양면성이 단적으로 보인다.

멀쩡한 얼굴에 교양미까지 풍기던 남자의 얼굴은 대인용 얼굴일 것이고 아무도 보지 않을 때 쓰레기를 버리던 얼굴은 어떤 표정을 하고 있었을까. 사회적 관계에서는 절대 자신이 그런 인격의 소유자인 것을 드러내지 않을 것이다.

꽃의 아름다움은 짧다. 그러나 아름다운 인격에서 흘러나오는 인품의 향기는 오래오래 가슴에 남는다. 사람이 꽃보다 아름답다는 말은 사람에게서 흘러나오는 인품의 향기가 꽃이 주는 순간의 아름다움보다 멋있기에 생긴 말일 게다. 꽃이 피는 이 아름다운 계절에 인격과 인품에 대해 생각해 본다.

인쇄일 2014년 5월 07일
발행일 2014년 5월 10일

지은이 김혜강
펴낸이 박철수
펴낸곳 도서출판 해암

등록번호 제325-2001-000007호
부산시 중구 백산길 17
TEL. 051)254-2260, 2261
E-mail. haeamg@korea.com

값 12,000원

ISBN : 978-89-6649-047-9 03810

부산문화재단
BUSAN CULTURAL FOUNDATION

*본 도서는 2014년 부산문화재단 지역문화예술육성지원사업의 일부지원으로 제작되었습니다.